我的扶贫故事

交通运输部新闻办公室 编

人民交通出版社股份有限公司
China Communications Press Co., Ltd.

图书在版编目(CIP)数据

我的扶贫故事／交通运输部新闻办公室编．
—北京：人民交通出版社股份有限公司，2019.7
ISBN 978-7-114-15707-3

Ⅰ.①我… Ⅱ.①交…②交… Ⅲ.①交通运输系统干部—先进事迹–中国 Ⅳ.①K827＝7

中国版本图书馆CIP数据核字(2019)第151825号

WODE FUPIN GUSHI

书　　名：我的扶贫故事
著　作　者：交通运输部新闻办公室
责任编辑：陈　鹏
责任校对：张　贺　宋佳时
责任印制：张　凯
出版发行：人民交通出版社股份有限公司
地　　址：(100011)北京市朝阳区安定门外外馆斜街3号
网　　址：http://www.ccpress.com.cn
销售电话：(010)59757973
总　经　销：人民交通出版社股份有限公司发行部
经　　销：各地新华书店
印　　刷：北京印匠彩色印刷有限公司
开　　本：720×960　1/16
印　　张：13.5
字　　数：154千
版　　次：2019年7月　第1版
印　　次：2019年7月　第1次印刷
书　　号：ISBN 978-7-114-15707-3
定　　价：45.00元

(有印刷、装订质量问题的图书由本公司负责调换)

Preface 前言

到 2020 年确保贫困人口实现脱真贫、真脱贫是党的十九大明确提出的工作目标,选派扶贫工作队和驻村干部帮扶脱贫是重要的工作抓手。近年来,交通运输行业加大扶贫干部人才挂职选派力度,重点向定点扶贫、对口支援、六盘山片区、西藏、新疆、青海等脱贫攻坚地区选派优秀干部人才,帮助开展脱贫工作。选派工作中,把政治素质放在首位,努力把有理想、有情怀、讲奉献、敢担当、能吃苦、打硬仗的优秀干部人才选派出来,下基层,去一线。

广大扶贫干部真实的工作和生活如何?我们约请部分交通运输扶贫干部结合工作,徐徐展开他们的扶贫故事,集结成册:他们挂职不当挂客,始终坚持扶贫第一线;他们舍家为公不言悔,努力破解行路难;他们努力从"输血"变"造血",确保真过关真脱贫。从被拒绝到被认可,从帮扶对象到走成"亲戚","蹭饭"拉家常,做农产品代购……字里行间,让人体会到的是真情、是实感、是付出,是帮扶工作中的苦功夫,是脱贫致富的实招数。他们顽强作战,点燃了贫困村发展的希望,令人钦佩点赞。

脚下沾有多少泥土,心中就沉淀多少真情。

如今,正处于脱贫攻坚的关键时期,扶贫干部还将继续苦干实拼,助群众增收,打通致富的"肠梗阻",彻底摆脱贫困的困扰。让我们通过这一个个故事窗口,走进他们的工作,了解他们的生活,体验他们的酸甜苦辣,并期待更多的扶贫故事。

谨以此书献给奋战在一线的交通运输行业扶贫干部!

Contents 目 录

我的青春，在青海闪闪发光 …………………………………………… 1

"尕灯书记"的扶贫关键词 ……………………………………………… 6

援藏两年，收获一生，进了小金，我就是小金人 ………………… 12

脚下有泥土　心中有沉淀　我在安远 …………………………… 20

从过客到弟娃，我的青春在小金 …………………………………… 25

见证永州华丽变身，我，乐在其中 ………………………………… 30

沉下心　办实事　我的安远扶贫路 ……………………………… 37

不当过客　不做看客　撸起袖子加油干 ………………………… 42

寨子渠村脱贫有我的心血 …………………………………………… 48

三件小事告诉你，我在黑水的扶贫生活 ………………………… 53

外通内联　通村畅乡　扶贫在"路"上　我在通渭 …………… 58

挂职不当挂客　我在色达 …………………………………………… 63

坚守在雪岩顶村 ………………………………………………………… 69

情留边疆 ………………………………………………………………… 79

来到六盘山，我由船舶检验行业"跨界"卫生健康领域 ……… 83

拒做"佛系青年"，我在革命老区的脱贫路上努力奔跑 ……… 89

"光杆主任"援疆500多天，只回过两次家 ……………………… 96

用一年半的时间，做一生无悔的事情 …………………………… 100

援疆一年半,他做好"访惠聚"! ……………………………… 104

六年援藏路,淡不了的西藏情…………………………………… 108

"水军"登陆,在新疆也有大作为 ……………………………… 115

在青海,想干和没干完的事情还很多…………………………… 121

一生无悔,走好我的援疆路……………………………………… 127

一年变三年,昭通需要我,我就留下来 ………………………… 131

援疆一年多,新疆"亲戚"见了我们便说"亚克西"! ………… 139

任职两年,我充分领悟到什么叫"扶真贫 真扶贫" …………… 147

帮拉促,三招让"穷亲戚"脱贫摘帽 …………………………… 151

从门外汉到"基本合格",我实现了小跨越 …………………… 156

我在藏区的青春味道……………………………………………… 160

生态学博士投身交通,我与青海有个约定……………………… 164

一年九寨行,一生九寨情………………………………………… 169

"财神居住的地方"是国贫县?这事儿说不过去! …………… 173

我一直在心里问自己:能为云南做些什么,要怎么做? ……… 178

从技术支持到挂职西藏,缺氧不缺斗志………………………… 183

"难蜀道"变身"致富路" 藏区脱贫攻坚有我一份力 ………… 188

脚印留在"高高原"上,我叫"宋扎西" ……………………… 194

挂职在新疆,我做起了"灰枣代购" …………………………… 200

用心感悟践行"两路"精神……………………………………… 206

我的青春,在青海闪闪发光

张阳成

2017年9月28日,接到挂职通知的第三天,交通运输部法制司干部张阳成作为部派往六盘山片区的扶贫干部,急匆匆收拾好行李,简单交接完工作,生平第一次踏上了青藏高原,他的生命也从此和青海这片土地紧紧联结在一起。

从北京来挂职的干部就是逮啊!

刚到青海省乐都区碾伯镇挂职,我便遇到了语言不通、气候不适、饮食不惯的难题,1个月后,镇党委便安排我带队负责组织下属5个村和1个社区"两委"班子换届选举工作。当时,当地方言我只能听懂十之一二,而且对村情镇情、干部人事、选举程序又比较陌生,深感压力巨大。但村"两委"班子换届选举作为抓党建促脱贫的关键环节,对这5个村子1年后计划脱贫的重要意义不言而喻,我义无反顾地接下了这份艰巨的任务。

选举前,我带着工作组的同志反复学习选举程序,每天下村调查村情民意,积极物色致富能力强、政治觉悟高的候选人。启动选举程序后,我们上午和村选举小组研究民意变动,下午布置会场,晚上召开会议。冬天气候寒冷,村委会办公条件有限,大家便围着火炉子开会,整个选举过程我们一天未休坚持了整整2个月,开会时,有些老同志听不懂普通话,我就用手比画反复说,直到他们明白我的意思;当我听不懂参会同志反映的意见时,就请工作组的同志翻译。选举过程更多的是利益纠葛和历史遗留问题,乱贴大字报、群发不当言论、私下恐吓贿选等,工作组收到实名举报不下20条。通过细致调查和公正处理,所有矛盾纠纷都及时得到化解,5个村中有3个村调整了主

张阳成(右排右三)组织村党支部换届选举

要干部，整个班子平均年龄年轻了近 4 岁。这样的"两委"班子，为脱贫攻坚筑牢了组织基础。工作组中有位曾担任过乡镇长的老同志经常对别人说："这是我们从北京来挂职的张镇，干事就是逮啊（青海方言，厉害的意思），不仅这么快就听懂了我们的方言，而且把换届选举拿下来了，攒劲（青海方言，有本事的意思）！"

梨香碾伯，我们吃上了旅游饭

下寨村是碾伯镇传统的农业村，村民主要通过种植出售土豆和软儿梨获取家庭收入。当地的百年老梨树和梨花争艳的美景，渐渐吸引了周边群众前往观赏。我把旅游扶贫的重点选在了这里，利用梨花盛景组织了第三届梨文化艺术节，举办乐都区第三届农家乐厨艺大赛，吸引了超过 8 万名省内外游客前来旅游。据统计，梨文化艺术节 4 天时间，为村民带来近 50 万元的旅游收益。村民们尝到了旅游饭的甜头，积极性大涨，更加配合我们的工作。

得益于梨文化艺术节的成功，我们很快从市财政争取到了 300 万元旅游扶贫专项资金，初步确定了 11 家农家院和 1 家乡村宾馆作为扶持对象。项目总投资 860 万元，其中政府将旅游扶贫资金 300 万元作为引导资金，主要用于农家院和乡村宾馆的风貌改造和经营设施采购、营销、培训等方面。申请到的农户投资 560 万元，主要以自有资金、宅基地等参与投资。项目实施后，预计在保本的基础上每年将为全村的贫困户带来 11.2 万元的分红。不久前，市财政又追加了 200 万元，专项用于开发下寨村的旅游业。

利用梨文化艺术节的金字招牌，我们开始广泛招商引资，最后与

我的扶贫故事

浙江房地产公司初步达成了 5 亿元左右的投资意向，设计方案已获得市委领导的认可。投资方计划将下寨村打造为河湟梨园风情小镇，全部村民集中安置到主城区居住，项目建成后将预留部分铺面给村集体，并根据贫困户意愿尽可能安排其到景区工作，帮助其稳定脱贫。下寨村的刘德有书记特别兴奋地说："党和政府帮助我们吃上了旅游饭，以后我们村脱贫致富的小康路就越走越宽，乡村振兴大有希望！"

唤起自我脱贫的斗志和决心

让贫困地区的孩子们接受良好教育，是扶贫开发的重要任务，也是阻断贫困代际传递的重要途径。乐都区虽然是青海的文化大县，但

张阳成(左二)查看建档立卡贫困户资料

是贫困户普遍存在轻视学业的心理。为此，我联系了中国地质大学(北京)"大山里的蒲公英"暑期社会实践团第五分团来到我镇贫困村八里桥村，通过爱心支教帮助贫困群众提高认识、更新观念，唤起他们自我脱贫的斗志和决心。为了帮助青少年开拓视野，我提议设立碾伯青年研习角，又创办青基讲堂。目前，我正在联系在北京读书的乐都籍建档立卡贫困户子女，通过实施伙伴计划，跟踪他们在北京的成长情况，努力指导他们解决学习、工作等方面的实际困难，帮助他们真正担负起全家稳定脱贫的希望。

作为一名扶贫挂职干部，我将始终牢记自己的初心和使命。在剩下的半年时间里，我将继续砥砺前行，尽自己最大的努力为青海脱贫攻坚事业贡献青春力量。

"尕灯书记"的扶贫关键词

赵煜民

2018年9月,交通运输部综合规划司投资计划处副主任科员赵煜民来到四川省阿坝州壤塘县挂职,任壤塘县交通运输局副局长、吾依乡党委副书记、吾依村支部副书记。半年多来,虽然当地条件艰苦,但他却没有丝毫懈怠,还总是谦虚地说"谈不上有很大贡献但感触颇深",说到他的扶贫故事,赵煜民选出了三个关键词与大家分享。

"生命线"

壤塘又名"壤巴拉塘",地处川甘青结合部高原藏区,境内平均海拔4000多米,属"三区三州"深度贫困地区,是阿坝州最偏僻、最贫穷的国家级贫困县。早期,壤塘境内只有10条山路、土路,道路一侧是山崖绝壁,另一侧是汹涌河水,车辆行驶在上面像是走钢丝,稍有不慎就会碰壁坠河,全县没有一寸放心路。最偏远的乡村到县城需一天以上,到成都500多公里路程,不堵车都要70个小时,被称为"数天计划"。海拔3900米的尕卡岭九道拐路段更是只有机耕道宽,下雪天就成了"鬼门关",车毁人亡时有发生,很多人宁愿步行绕道也不愿乘车通过。交通不便,农牧民群众出行难、看病难、上学难的问题十分突出。

如今,在交通运输部等单位的帮扶下,国道317已经贯通,国道227正加紧改造,壤塘到成都乘车仅需约7小时,朝发夕至,成为壤

上山踏勘滑坡隐患点

我的扶贫故事

塘群众外出的"生命线"。全县100%乡镇、100%建制村通硬化路，最偏远乡村到县城只需1个多小时，时程的缩短见证了壤塘交通的巨大变迁。九道拐路段也改造一新，成为壤塘北部乡镇外出的平安路、放心路。未来两年，壤塘县将用好2个多亿帮扶资金，不断完善通组通寨硬化路、村道桥梁、安全生命防护工程等基础设施。

壤塘地处高原高寒地区，洪水、滑坡、泥石流等自然灾害频发，给道路通畅带来巨大威胁。2018年10月，我所在的吾依村八格都寨出现滑坡地质灾害隐患，这一隐患点位于国道227和杜柯河旁，估算滑坡体积约为400万立方米，一旦发生大面积滑坡，不仅会堵塞河道形成堰塞湖，危及上游群众，而且会切断壤塘县外出的唯一"生命线"。灾情就是命令，我们第一时间将八格都寨5户24名居民搬迁，制定了避险应急预案，并克服山高坡陡、荆棘密布等困难，上山完成多次勘测。经省交通运输厅有关专家现场研究，我们制定了7个处治方案，逐级上报，争取尽快启动。同时，为破解壤塘出县大通道单一的困境，我们抓紧推动省道453上壤塘乡至马尔康市日部乡公路前期工作，并争取纳入省州"十四五"有关规划，该路段贯通后将成为壤塘外出又一"生命线"，为壤塘群众带来更多获得感和幸福感。

"闯三关"

到壤塘县吾依村驻村工作，要"闯三关"。一是"走寨入户关"。吾依村145户农牧民群众分散居住在11个寨子，海拔在3300米以上，山高路远沟深，走访一个寨子往往需要一整天时间，翻山越岭后心如擂鼓,饮食难以保障,胃病不时发作,烈日曝晒下,脸脱皮、唇开裂更是寻常,胃药、唇膏和丹参滴丸成为驻村工作队员的随身常备物品。二是"语言沟通关"。吾依村群众绝大多数是藏族,许多群众不懂普通话甚至不懂汉语,沟通中要少说"好的""没关系",多说"要得""没得事",还得学习一些简单的藏语,谢谢是"卡卓",你好是"丘待牟",做壤塘人说壤塘话,更能贴近群众。三是"工作压力关"。解决贫困户用水用电等困难、处理矛盾纠纷、控辍保学、核对"明白卡"、讲解法律政策、整治环境卫生、防火防汛抗旱除冰、检查食品安全、举办农牧民夜校、组建锅庄队……一桩桩一件件都需落实。事非经历不知难,驻村扶贫让我深切感受到了"深度贫困"的贫困,"精准扶贫"的精准,和"压实责任"的责任。

发展产业是实现脱贫的根本之策。吾依村部分群众受宗教和地域文化影响,"戒杀惜售"观念浓厚,养殖业发展困难。全村耕地面积仅958亩,气候寒冷,土壤贫瘠,"种一百斤种子,收二百斤青稞"是常态,种植业发展困难。且田间地头常常上演"西游记",白天"大师兄"猴子刨食,夜里"二师兄"野猪拱地,驻村工作队员愁得直掉头发,恰似"沙师弟"。如何发展集体经济、带动群众脱贫,是摆在吾依村面前的一道难题。

到村工作后,我和工作队员们调研分析,吾依村羊肚菌、虎掌菌、黑木耳等野生菌资源丰富、市场销路广,且采集加工容易获得群众支持,于是决定发展野生菌加工产业。目前,我已争取到8万元帮扶资金,正筹备建设吾依村野生菌加工合作社。

"好日子"

脱贫路上，总有一种温暖让我感动莫名，总有一种力量让我砥砺前行。7岁的小男孩尕灯家住吾依村定居点，父亲几年前因病去世，与母亲拉甲和10岁的姐姐杨四姐相依为命。母亲常年患病，无法外出打工，只能靠采集药材、菌类获得微薄的收入，一家人的日子过得十分困苦。初到尕灯家里，他拽着我的胳膊，举着一包打开的方便面让我吃，那应该是他最美味的零食。再次见到尕灯是在乡中心小学，他竟记得我的名字，告诉我上学期考了好成绩，还拖着我到他家里喝茶。"两联一进"（联户联情、联寺联僧、法律政策七进）期间，我又来到尕灯家中，看他穿着一件爱心人士捐赠的新外套，开心得像过年一样，我的心里却很不是滋味。尕灯一家的困难驻村工作队员们都记在心上，通过易地扶贫搬迁、安置生态护林员公益性岗位，尕灯一家住上了新房子，不愁吃穿，不愁上学，也有了稳定收入。

国家的扶贫政策让吾依村困难群众过上了新的生活，截至2018年底，全村已实现28户138人脱贫，未脱贫群众仅剩3户14人，但全村仍有29名重度大骨节病患者和18名特殊困难学生。目前，我正同阿里巴巴脱贫基金对接，在壤塘开展健康扶贫、关爱贫困母亲等帮扶项目。针对吾依村困难学生，正协调帮扶单位开展"爱心助学""爱心圆梦""走出大山看世界"等活动。每次为村里争取帮扶资金和项目时，我总是想起尕灯的方便面、新衣服和他站在门口送别我的目光。

来到藏区，我给自己起了个藏语名字，恰好也叫"尕灯"，是"好日子"的意思。好日子，是吾依村尕灯一家对孩子未来一生最朴素的愿望，是壤塘县一万多名困难群众对美好生活最真切的向往，是我们党对亿万贫困群众最庄严的承诺。希望自己能为壤塘县、吾依村农牧民群众多做实事好事，帮助他们过上好日子。

"尕灯书记"与尕灯

援藏两年，收获一生，进了小金，我就是小金人

刘金香

"巍峨的雪山、洁白的云朵、满山的牛羊、黝黑淳朴的笑脸"，这是交通运输部财务审计司审计处处长刘金香心中所想的藏区模样。作为交通运输部选派到高原藏区挂职的唯一女干部，她在小金县挂职期间有哪些故事呢？一起来听听她怎么说。

舍家为公不言悔　不远千里赴"疆场"

2016年9月的一个晚上，我因骶骨骨折和右脚重度崴伤，正在家休养，接到司里的一个电话，通知我去四川藏区挂职。当时，我很犹豫，因为父亲年迈多病、儿子即将中考、我还未伤愈、丈夫工作特忙，害怕家里无人照料……当家人得知消息后，给予了我坚定的答案。儿子坚决让我去，老父亲甚至打算和我妈陪我一起去挂职，丈夫跟我说：

"你去吧,只是两年时间,家里有我呢。"

带着"心中所想的藏区模样",带着部里的"特殊使命",我离开家人,来到小金县,来到这千里之外的扶贫战场,挂职中共小金县委常委、政府副县长,也有幸成为交通运输部选派到高原藏区挂职的唯一女干部。

变压力为动力　迅速进入角色

从北京到小金需先到成都,再转乘汽车坐 5 个小时左右,翻越海拔四千多米的巴郎山,途经沃日镇,沿途看到碎石从山上滚落,我的心一阵阵地揪紧……

小金县地处川西北高原,长期受区位、交通等因素制约,经济社会发展滞后,贫困人口多、程度深。全县核定贫困村 88 个、贫困户 3266 户、贫困人口 11957 人,贫困发生率 17.6%。自然环境恶劣,生态极其脆弱,加之受"5·12"汶川特大地震、"4·20"芦山地震等灾害破坏叠加影响,全县现有地质灾害隐患点 591 处。每年 9 月开始下雪,次年 5 月才停,6 月又开始进入汛期,泥石流、滑坡等自然灾害频发,可谓三年一大灾,两年一小灾。一箩筐的数字,特殊的县情,对初来乍到的我,不亚于泰山压顶。

初到小金,我因骶骨骨折和右脚重度崴伤的疼痛和严重高反缺氧心绞疼痛而两次入院;因未能在父亲直肠癌手术时陪伴左右,未能在孩子中考期间右脚骨折时陪护照料,内心经常感到遗憾与愧疚。面对高原藏区工作和生活的艰苦,我没有放弃,没有逃避,而是时常提醒自己:"要以服务藏区脱贫攻坚为荣,要时刻牢记组织的重托和心系群众的期盼,为小金的脱贫攻坚做些实事。"

"没有调查研究,就没有发言权",这是我对自己工作的第一个要求。在小金,我分管脱贫攻坚、交通运输和招商引资工作,联系宅垄乡和雍钟寺。到小金的第二天,我便到县脱贫攻坚办、县交通局等单位调研了解情况、查阅文件资料;用了近2个月的时间,走完了小金的21个乡镇和88个贫困村,入户走访建档立卡贫困户330余户。在深入乡村和到相关部门调研的基础上,得到"小金最大的瓶颈制约是交通、最大的民生期盼是交通、最大的致富希望是交通"的认识,为此我向县委县政府建议,把"提升主干道,打通断头路,畅通内环线,构建大交通",作为全县交通建设的工作思路,加快建设"畅通小金",大力推广"交通+"扶贫模式,并得到县委县政府充分肯定与采纳实施。

走访小金贫困村

小金交通建设的方向和目标确定了,接下来的任务就是落实,尽最大的努力破解群众"行路难"的问题。

理清思路"谋出路" 实干筑就"致富路"

想把交通工作做好，必须做好路网规划。小金四面环山，进出小金的几条路公路等级都很低，国道省道大部分都是四级路。如何打通内通外联通道，提高通行能力，一直困扰着我。为此我积极争取项目落地小金。在部、省、州各级领导的大力支持下，青城山至小金旅游观光列车轨道项目纳入四川省交通扶贫规划，一期到小金县四姑娘山镇，二期到小金县城，目前匡算一期总投资 170 亿元；四姑娘山镇过境路纳入交通运输部"十三五"中期调整规划"国道 350 巴郎山到小金县城段列入交通运输部"十三五"红色旅游道路规划。

对已纳入规划的项目不仅要考虑如何做好，还要为未来几年做好项目储备。为此，我大力推进项目前期工作，以落实项目开工条件为重点，以项目开工时间为基准，做细项目规划、可研、立项、设计等前期工作。截至 2018 年底，全县通车公路里程 2979.8 公里，实现了村村通公路，通达率、通畅率均达 100%，在全省民族地区县率先实现"两个全覆盖"，初步形成了"以国道、省道为支撑，以县、乡道为辐射，农村公路为连接"的较为完善的公路路网体系。

路建好了，提高交通管理水平，为后续持续发展奠定基础，必不可少。借助部省州提出的创建"四好农村路"省部示范县机会，我积极向小金县委县政府汇报，建议小金争创"四好农村路"示范县，得到小金县委县政府支持。

一是突出"四个保障"，建设好农村公路。组织制定《小金县"四好农村路"建设工作方案》。建立多元资金投入保障新机制，实现"小财政办大交通"的带动效益。拓宽筹资渠道，用好用活"一事一议"投工投劳，充分发动群众、企业参与修路。突出人才保障，构建人才培养新机制。二是创新"四个机制"，管护好农村公路。建立资金保障机制，全面落实政府主体责任。完善建管养一体化机制，出台《农村小型公益设施建设管护办法》等系列文件制度，建立县、乡、村的道路交通综合执法网络，并把农村公路管护纳入目标考核，与乡镇年度目标考核挂钩，与村级公路管护员奖补工资挂钩。三是实施"三项工程"，运营好农村公路。着力构建"以县城为中心、乡镇为节点、行政村为终端"的农村客运物流运营体系。推进乡村交通服务基础设施建设，先后建成县客运中心和四姑娘山镇客运中心三级客运站，21个乡镇建成四级客运站，建成村级招呼站120个。目前，全县客运经营企业4家，开通城乡公交线7条，投入农村客运公交车24辆，农村客运出租车77辆，全县乡镇、建制村通客运车辆全覆盖，惠及农村群众5万余人。实施物流运输网络化工程，引进申通快递、百世快递、安能物流等16家物流企业入驻，建成乡级物流中转站21个、村级物流服务站68个，乡镇覆盖率100%、行政村覆盖率80%，有效解决农村快递物流"最后一公里"的瓶颈。

大力推行"交通+基地""交通+产业""交通+旅游""交通+电商"等扶贫模式，将农村路网规划与产业规划相融合，充分发挥农村公路助推精准扶贫作用。

实施"交通+脱贫"，为贫困群众铺筑奔康大道。将农村公路建设与精准脱贫相结合，发挥农村道路的基础性、支撑性作用，打通脱贫攻坚"最后一公里"。"看得见山走到瘫、看得见屋走到哭"的现象，彻底得到改变。

实施"交通+产业",为特色产业打通绿色通道。带动发展生态蔬菜、特色水果、酿酒葡萄、玫瑰、中药材等五大优质生态农产品基地7600余亩。2017年,全县仅酿酒葡萄基地就带动种植户4620户,促进8个乡镇1.5万人增收,实现收入4000余万元。

实施"交通+旅游",为全域旅游拓展更大空间。围绕建成"川西藏区全域旅游先行县"目标,大力实施旅游线路提升改造工程,先后建成乡村观景道路75公里,建设公路观景台(点)16个,发展乡村酒店和星级农家乐25家、旅游接待326家,为乡村旅游发展奠定坚实基础,目前全县创建省级旅游示范村6个。2017年全县接待游客121.5万人次、实现旅游总收入9.56亿元,分别同比增长29.9%和28.3%,增长率居全州第一。

实施"交通+电商",为农特产品连接市场渠道。围绕产品销售和农民增收两大核心,坚持"路到哪里,商贸物流就到哪里"的思路,"高原之舟全国电子交易平台"在小金上线,"中国西部野生菌交易中心"平台建设有序推进,民族电商从无到有,2018年小金电商交易超2000万元,带动贫困人口创业就业600余人。

群众利益无"小事" 尽责敬业暖"民心"

"来了就干,干就干好",这是我的工作誓言和责任担当。在小金,我不仅在交通建设、脱贫攻坚工作中交上了满意答卷,也争取在抢险救灾、助贫济困等方面作出积极贡献。

2017年6月,小金遭遇了"6·14"百年一遇洪涝灾害。我时刻战

我的扶贫故事

斗在抢险救灾的第一线,指挥机具抢通交通便道 134 处、疏浚河道 18 处,转移安置受灾群众 128 人,深得小金干部群众好评。

在抢险救灾第一线指挥

面对群众因灾损失,我痛在心里,尽我所能为群众办实事、解难事。灾后,我向交通运输部汇报,争取到 800 万元抢险应急专项资金;联系社会力量捐款捐物,促成中国扶贫基金会向小金受灾群众捐物 6200 多件折价 277 万元。协调社会组织为小金民生事业贡献力量。促成青岛企业达成用工协议,提供免费培训 100 人次,提供就业岗位 142 个,保证每名进城务工人员年工资性收入不少于 5 万元;促成中国扶贫开发协会,从 2017 年到 2022 年,按照每年每人 500 元标准,资助贫困学生 500 人;争取思源基金会捐赠救护车 12 辆,德源基金会捐赠轮椅 150 台、助行器 50 部,争取到中国扶贫基金会资助高中贫困学生生活费 27 万元。

援藏两年，收获一生，进了小金，我就是小金人

立足实际，着眼长远，推介小金被我时刻牢记在心。我充分认识到小金现有资源丰富但欠开发，媒体宣传是小金着眼长远发展的当务之急。为此，我积极协调新华网、人民网、光明网、中国青年网等多家媒体，关注小金、报道小金，以不同的视野与角度，宣传小金特产、脱贫攻坚的成效以及秀美风景。通过我们的不懈努力，小金知名度得到大幅度提升，小金苹果、松茸等名特产品在2017年首次实现供不应求，小金旅游在2017年实现增幅位居全州第一。

功夫不负有心人，群众感恩实干家。我的实绩，群众认可，组织满意。宅垄乡四明村和鸡心村两委给我赠送了感恩锦旗，一次走在大街上被百姓认出，他称我是当地的活菩萨。离开小金时，群众自发敬献哈达排队欢送。在我心里，能得到组织认可、群众信任，就是对交通扶贫的充分肯定，对我的最大鞭策和鼓舞。

"援藏两年，收获一生"，两年援藏的宝贵经历，见证了我的成长，这笔财富将使我终身受益。如果再让我选择一次，我愿化作风，让格桑花铺满五彩藏乡；我愿化作路，引领藏汉群众携手奔康！

脚下有泥土　心中有沉淀　我在安远

王　婧

安远县位于江西省南部，是典型的丘陵山区县，曾是江西省唯一不通铁路、国道、高速公路的"三无县"。作为国家扶贫开发工作重点县和罗霄山脉集中连片特困县，交通闭塞曾是制约安远经济发展一大因素。随着《关于支持赣南等原中央苏区振兴发展的若干意见》出台实施，交通运输部建立对口支援长效机制，安远人民脱贫致富奔小康的夙愿一个个得以实现。根据组织安排，部人事教育司干部王婧于2017年9月挂职任安远县欣山镇党委副书记、副镇长，期满后于2018年9月挂职任安远县交通局党组成员、副局长。期间，王婧深入基层一线，切切实实地投身到脱贫攻坚中，开始了她的扶贫之路。

克服三道难关　以心换心

根据工作安排，我结对帮扶古田村的两户贫困户，主要职责是通过定期走访，全面掌握贫困户的基本现状和思想动态，讲解落实扶贫政策，确保贫困户如期脱贫。

"事非经过不知难"，结对帮扶伊始，我便遇到三道难关。第一道难关是语言关。部分上了年纪的贫困户只能用安远话进行交流，语言是沟通的钥匙，缺了这把钥匙，便打不开与贫困户有效沟通的大门。为此我决心努力学习安远话，多听多说多练，最终实现了和结对帮扶的贫困户的无障碍交流。第二道难关是信任关。贫困户对我这个有外地口音的帮扶干部多少有些不信任，一番交谈下来总是有所保留，不利于帮扶工作的精准开展。于是我从心底里把贫困户当家人，常常走访慰问，帮忙打扫院内卫生，陪贫困户到医院就诊，以真心换真心，最终获得了贫困户的认可和信任。第三道难关是理解关。"养儿防老"的观念在落后的农村仍旧盛行，"无儿养老"引发的问题也切实存在。因此，我必须结合当地的大背景，设身处地去探寻贫困户焦虑的源头、困难的原因和处境的缘由，因地制宜地开展帮扶措施。

从"输血式"变为"造血式"

扶贫贵在精准，重在激发贫困户的内生动力，从"输血式"扶贫转变为"造血式"扶贫。为此，我在全面掌握贫困户基本情况的基础上，因人施策，制定帮扶计划，帮助其享受扶贫政策，解决实际困难，逐步完成"一达标、两不愁、三保障"等脱贫任务，如期实现脱贫目标。

贫困户欧阳福光全家3口人，主要收入来源是种植蔬菜和务工。

我的扶贫故事

欧阳福光2011年患肿瘤，术后致双目失明，丧失劳动能力，同时因病负债；2017年，其妻郭金莲遭受意外，丧失劳动能力；儿子尚未结婚，家庭相对困难。该户应当重点解决的是稳定收入问题，我主要从发展产业、帮助就业、落实兜底保障等方面展开帮扶。一是协助发展农业产业。该户承包了1.56亩耕地，原用于种植脐橙，遭黄龙病后荒废。我联系了技术咨询服务，为其复产脐橙做准备。该户种植有蔬菜，养殖有鸡和鱼，我帮助其申请产业直补，做到政策"应享尽享"。二是提供就业机会，提升就业能力。该户的儿子属于青壮劳力，我积极向其推荐县城工业园的就业机会，实现"一人就业，全家脱贫"的目标。同时，为其争取就业技能培训的机会，切实提高贫困户就业能力。三是落实兜底保障政策，根据政策规定，为一家三口申请了最低生活保障的政策。

王婧(左)走访联系帮扶的贫困户

贫困户张荣胜全家5人，主要收入来源是务工和经营杂货店。张荣胜夫妻劳动能力受限，儿子于2017年6月因病去世，儿媳在县城务工，孙子、孙女在幼儿园就读，家庭相对困难。本户重点解决稳定收入和儿童就学的问题，除了发展产业、帮助就业、落实兜底保障外，我还从教育扶贫和健康扶贫等方面开展帮扶，协助该户孙子和孙女申请每人每年1500元的学前教育资助，积极协助张荣胜的爱人申请特殊慢性病认定，享受门诊医疗费用的补偿保障。

确保户户真过关、真脱贫

精准扶贫事关贫困群众的切身利益，扶贫工作必须务实，脱贫过程必须扎实，决不能搞花拳绣腿，决不能摆花架子。作为乡镇班子成员，我挂点联系水背社区、石塘社区和修田村，负责全面指导3个村(社区)的工作，特别是脱贫攻坚工作。

为了切实掌握3个村(社区)贫困户的基本情况，更好地开展扶贫工作，我和第一书记、驻村工作队队员、村干部挨户走访，听取贫困户的心声，确保户户真过关、真脱贫。此外，对"六类重点人员"多次逐家逐户走访、宣传、信息校对，参与到村民小组会议中去，认真听取村民的意见和建议，坚决杜绝贫困人口错退和漏评现象，全力保证脱贫攻坚道路上不落下一户一人。在全体村(社区)干部、第一书记、驻村工作队队员的合力攻坚下，3个村(社区)的贫困户"两不愁、三保障"得到全面解决，"三率一度"全面达标，为脱贫攻坚交出了一份合格的答卷。

"奉献不言苦，追求无止境"，这是全国百万扶贫干部的写照，

王婧（左四）组织召开修田村脱贫攻坚到村到户重点工作布置会

"人民对美好生活的向往"便是扶贫干部的追求目标。能够作为广大扶贫干部中的一员，投身在田间地头，奋战在脱贫一线，把党和政府的扶贫开发政策原原本本传达给贫困群众，换得他们的幸福和笑容，我深感荣幸与自豪。脚下沾上的泥土，化成真情沉淀心中，这段扶贫经历必定会成为我珍藏一生的宝贵财富。

从过客到弟娃，我的青春在小金

王靖升

2018年，我来到四川省阿坝藏族羌族自治州小金县营盘村，在山野之间走村入户，在这片土地上深扎，在老百姓的柴米油盐酱醋茶中，探访着一种独特的青春价值。

小金藏名赞拉，面积5571平方公里，辖21个乡镇，有回族、汉族、藏族、羌族、满族等各族群众8.2万人。截至脱贫攻坚战打响，全县核定贫困村数量88个，贫困户3269户，贫困人口11888人，贫困村数量居阿坝州之首，贫困人口数居全州第二，是典型的"老、少、边、穷"地区。初到小金，从成都到小金县城，坐了5个小时的车，崎岖的山路和高原反应带来的不适，让我一次次地问自己"嗟尔远道之人，胡为乎来哉"。

半年多的时间里，我在"眼睛在天堂、身体在地狱"的磨砺中，经历了缺氧带来的失眠、饮食不习惯带来的身体不适，也走过阡陌、穿过乡野、深入农户，看到了太多的精彩，感受了太多的惊喜。"胡为乎来哉"的困惑，早已变成了在这里深扎的信念。

我的扶贫故事

从"要我脱贫"到"我要脱贫"

2018年到小金工作的时候，正是小金县脱贫攻坚工作最重要的收尾阶段。经过了几年的努力奋斗，小金县上下以不胜不休的决心，干群连心，合力攻坚，全力脱贫奔康，基础设施不断夯实，内生动力不断提升，小金县的面貌焕然一新。

我所在的营盘村，是清朝大小金川之役的军队驻扎地，故称营盘。我常常这样介绍营盘村："营盘村是乾隆皇帝十大武功之征服大小金川时军队大本营，自古道，铁打的营盘，流水的兵，而如今，基础设施建设的不断完善、人居环境的持续优化，铁打的营盘已经成为一片富饶、开放之地，乡村的变化已经吸引了更多的游子返乡创业。"春节前我们组织召开了以"我为家乡发展建言献策"为主题的返乡务工人员座谈会，越来越多的人表示，更加愿意为家乡的建设贡献一份自己的力量。

除了基础设施的改善，百姓思想觉悟的提升，也是脱贫攻坚工作带来的重要成果之一。在去调研木兰村苹果基地的路上，我遇到了一位老伯，他是贫困户，承担着村道卫生环境保护的公益性岗位工作。简单地聊了几句之后，老伯对近年来农村基础设施的改变和生活状况的改善大为赞赏。临了，老伯匆匆告别："我要去扫路去了，撸起袖子加油干，也有我老汉一份。"在老伯坚定的步伐中，我看到"要我脱贫"在精神扶贫与物质扶贫共抓，扶智与扶志齐推的带动下，早已变成了"我要脱贫"。群众脱贫积极性和内生动力的激活，成为小金县脱贫攻坚工作顺利开展的主要因素。

康庄大道在乡野之间引领巨变

"要想富、先修路"一直以来是给我印象最深的一句标语。在此之前,年轻的我并没有真正感受到这句话真切的内涵,直到来到小金,我才深刻理解了"要想富、先修路"有多么的重要。大山在小金县设下的前进的阻碍,让祖祖辈辈的人们在这片偏远的土地上,洒下心酸和眼泪,也留下了贫困的印记。而如今,雨天一身泥、晴天一身土早已成为老一辈的回忆。宽阔平坦的道路,承载了乡村的梦想,承载了孩童上学路上的安全和游子归家路上的便利。

王靖升(右二)组织社会力量,为营盘村小学捐赠图书文具

某个周末,我和几名挂职干部临时起意,一同前往小金县最偏远

的几个乡村调研。开车抵达镇政府后，我们徒步17公里进行调研，路上偶然看到了一条横幅上写着"修好美格路、感恩交通部"。美格路上，摩托车、拖拉机、小轿车络绎不绝，在与老百姓的交谈中，大家对村组道路改善带来的便利表示了大力的肯定，当知道我是交通运输部派驻的挂职干部后，更是表示了由衷的感谢。

脱贫攻坚以来，小金县累计硬化村组道路1400公里，新建产业路260公里，实现了"乡镇通油路、建制村通硬化路"，为小金县的乡村振兴和产业发展奠定了坚实的基础。昔日羊肠道，如今变通途，越来越多的小金农产品运出大山，逐渐形成了道路服务基地、基地支撑产业、产业助推精准脱贫的格局。

扶贫干部在阡陌之上阔步向前

几年的脱贫攻坚工作中，针对群众的民生活动已成为常态。在一次次百姓开放日、"不忘初心、干群连心"等活动中，扶贫干部不间断地深入基层，用责任融入真情，推动各项工作扎实落地见效。

作为镇党委副书记和驻村干部，我多次走访农户，最初总有人带着质疑的眼神问："怎么来一个讲普通话的，又是个过客嘛。"到后来大家都热情打招呼，走在路上都会有孃孃硬塞给我几个饼、一把胡豆，告诉我有空来家里吃饭。有大叔在坝子上喝茶，大声地招呼我去坐一坐。弟娃、小王书记成了老百姓口中最亲切的称呼。我多次参加"两联一进"、坝坝宴等村级活动，和老百姓一起准备美味佳肴，跳起欢快的锅庄，共话发展，共感党恩。热闹的坝坝宴和村民脸上洋溢的笑容，干群合力，亲如一家，是我眼里脱贫攻坚最美的佐证材料。

王靖升(右二)与驻村工作队一起，向群众宣传扶贫政策

与我一起驻村的干部中，有人刚刚结婚就告别妻子，有人在孩子出生三天后就继续坚守岗位，全年无休、随时待命成为工作的常态。生活中的欢喜和变化，都没有改变他们扶贫助农的决心。我知道，脱贫攻坚的胜利，除了"一低五有"的达标和"一超六有"的保障，还有无数扶贫干部用实际行动践行的铮铮誓言。那些不眠不休的日日夜夜，那些踏遍每个角落的足迹，抗住了焦躁和不安，顶住了批评和质疑。他们牺牲小我，用真心真情真行动，换来了物阜民丰，换来了这一场攻坚战的伟大胜利。

伟大梦想召唤奋斗、伟大精神激励前行，挂职的日子还在继续，我会不忘初心、始终如一，用行动践行誓言，用青春坚守初心。在小金，看到更多的精彩，经历更多的感动。

加油，先行官！

见证永州华丽变身，我，乐在其中

周荣峰

每当夜晚灯火阑珊时，交通运输部公路局副局长周荣峰常常会想起扶贫联系点湖南省永州市宁远县柏家坪镇瓦渣坪村的贫困乡亲们。乡亲们的苦乐牵动他的神经，村里的变化让他无比牵挂。在挂职湖南省永州市委常委、副市长的近2年时间，周荣峰与扶贫工作结下了不解之缘。今天，听他讲述在扶贫路上的点点滴滴。

乐当学习人
让学习始终成为厘清扶贫工作思路的好习惯

我深知，自己过去只是对交通扶贫工作有一定的了解，还存在着不少短板和弱项。唯有通过加强学习，才能补上在扶贫领域的知识欠缺和工作短板。为此，我制定了有针对性的学习计划，主要利用晚上进行系统补课。同时，结合湖南的省情，立足永州市情县情，厘清扶贫攻坚工作思路，坚持省、市已经开展的好做法好经验，如"四跟四走，实施产业精准扶贫"；实施精准帮扶，打造"互联网+社会扶贫"公益品牌；引进"扶贫车间"，带动贫困群众在家门口就业脱贫；实施"四扶四建"，激发贫困群众内生动力等等。通过一系列系统的学习，我对脱贫攻坚工作在思想上有了根，心中有了底，为以后的工作实践打下了坚实基础。

乐当追梦人 让决策流淌出比黄金还珍贵的财富

"挥毫当得江山助，不到潇湘岂有诗!"这是大诗人陆游笔下的永州，一个美得让神仙来了也不想走的地方。随着时代的变迁，鬼斧神工的山峦地貌，却深深制约永州交通发展，长期以来，645万永州人民陷入了"摘贫困帽"的焦虑中。2017年前，全市共有5个扶贫开发工作重点县(其中国扶县2个，省扶县3个)，建档立卡贫困村774个、贫困人口67.4万人，均占湖南的10.7%，排全省第四位。

我希望能利用自身专业优势和部委资源，为永州的扶贫事业做几件既打基础、又利当前和长远的事情。"积极实施东向战略，主动对接粤港澳大湾区建设，承接沿海发达地区产业转移，打造东部沿海发达地区的后花园，永州必须要有便捷高效的交通运输作支撑"。通过广泛调研，我向市委提出了"用交通之畅破永州之痛"的建议。

永清广高铁能否纳入国家铁路网规划，事关永州脱贫的含金量。我多次向国家发改委、中铁总公司、交通运输部等部委汇报，最大力度争取永清广高铁过境永州。同时，积极对接广东省有关部门和广州市、深圳市、清远市，推动湖南、广东两省共同发声。通过一年多的不懈努力,永清广高铁终于纳入《粤港澳大湾区城市群规划》和《粤港澳大湾区综合交通规划纲要(草案)》。

建一条路造富一时,而拥有现代交通规划则留下永恒路网。为了能让永州市未来发展有一个良好的交通发展线路图,我发挥"穿针引线"的作用,邀请交通运输部科学研究院的专家帮助编制《永州市综合交通运输规划(2020-2035年)》,并利用自己的专业知识和经验,与专家们一同论证修改方案,有针对性地提出市县层面对接交通强国战略应该突出的内容,尤其对困扰基层配套资金难的问题,提出了具有可操作性的政策建议。该规划正在编制完善中,2019年6月可望完成。

截至2018年,永州市已累计减贫61.13万人,贫困村出列742个,基本解决了区域性整体贫困问题。

周荣峰(前排居中)在瓦渣坪村调研精准扶贫工作

见证永州华丽变身，我，乐在其中

乐当奋斗者　让扶贫路网成就时空优势

永州与广东省、广西壮族自治区水土相邻，但由于交通相对闭塞，"近邻"却成了"远亲"。打通交通肠梗阻，已经成为永州赶超崛起的当务之急。

2019年3月13日，总投资129亿、全长109公里的衡阳至永州高速公路招标启事在媒体发布，永州人民沸腾了。这条经济命脉造福永州6个县区300万山区群众，但因为规划、资金、土地调整等因素停滞不前，当地群众期盼了整整10余载。肩负永州人民的重托，我多次向省里有关部门汇报，争取政策。在省政府的大力支持下，衡永高速建设项目进入建设快车道。闻讯"今年内可开工建设"，我的激动之情难以言表。

"捧金碗讨饭吃"是对永州水运现状的客观描述。永州是湖南四大水系湘江的源头，河流资源充沛，可水运却近乎空白。在国家大力推动"公转水"政策下，国家和湖南省政府将衡阳至永州段湘江三级航道整治工程，列为"十三五"重点建设项目。但永州段却因环保及风景名胜区等原因，迟迟不能立项开工。观念不通是造成永州水路"短路"的重要原因。我从专业角度为地方解惑释疑，澄清思想误区。同时，寻求破题之策，"将一时难以解决的涉及有关环保问题的河段先拎出来，采取分段建设的办法"。建议得到了采纳，省政府明确表示，支持永州分段建设新方案。届时，这条黄金航道将成为沿途地区脱贫致富的新航标。

通过多年的交通基础设施建设，永州农村公路早已成网成系，但等级不高，"断头路""苗条路"比比皆是，以至于山区资源流通不畅、新农村建设提速不快。作为分管交通工作的我，不遗余力推进"四好

我的扶贫故事

农村公路"、窄路加宽和自然村通水泥路建设掀起热潮。2018年，永州市新修通组公路1206公里，在全省率先完成自然村通水泥路任务，让山区群众提前迈步"致富路"。目前，除少数山区自然村外，永州市所有的建制村均具备较好的交通出行条件。

如今，一些拥有良好自然环境和独特人文环境的农村山庄，因为交通条件的改善，不断挖掘自身潜力，让绿水青山变成了脱贫致富的金山银山。零陵区何仙姑村拥有"八仙过海"的人文资源，但由于交通设施发展不足，长期以来美丽的自然风光不为大众所知。在3.5公里通村组公路和6.5公里主干村道提质改造后，按二级公路标准新建5公里旅游公路进入规划阶段，何仙姑村"最后一公里"的问题得以破解。何仙姑村打造民俗特色旅游乡村的规划正在稳步推进，仅旅游项目，当地农民年均增收4000元以上。

乐当扶贫人 "瓦渣坪之变"不再是精彩个案

作为宁远县瓦渣坪村扶贫村的牵头市级领导，我心中立志，一定要竭尽全力，在挂职任期内让瓦渣坪斩断贫根、摘除穷帽。

"全村338户、1338人，其中建档立卡贫困户108户406人，孤儿1户1人，五保户7户7人，低保户14户31人；2016年前村集体经济为零。"这是宁远县瓦渣坪村的家底，穷得让人心酸。

暂时的贫穷不可怕，可怕的村民是缺少致富的动力。要富口袋先富脑袋，我的扶贫计划从上党课开始，从激发贫困户的内生动力做起。"听党的话，从今不再懒，奋力抓生产。"此时，村里的贫困户再也坐不住了。

夯实基础发展产业，才能实现由输血式扶贫到造血式扶贫。根据瓦渣坪村的自然条件，我发动群众种植油茶和耐旱的红薯、玉米、花生等农作物。村集体流转土地近200亩，已全部种植优质油茶树。投资10万元建成的红薯粉加工厂去年收入10万元，合作社利润2万元。目前，全村分散种养79人，入股合作社188人，村级集体经济收入再创新高。

用好政策扶贫，让贫困户致富如虎添翼。目前，全村易地搬迁16户，危房改造14户。2018年，继续对村里的13户贫困户开展金融帮扶支持，协助发放金融贷款37万元，分红3.99万元。贫困户王秀武通过政府5万元的扶贫贷款支持，除种植10亩"黑美人"西瓜外，每天还在附近集市销售水果，如今盖起了新房，购买了货车，日子过得红红火火。

周荣峰（前排右二）动员贫困户在扶贫队的支持下盖新房

我的扶贫故事

教育扶贫才是治贫的根本。欧阳运民家庭4口人，儿女均在职业院校读书，家庭经济压力大，通过"雨露计划"还不能满足孩子的学业开支。2018年，我又督促市派驻村工作队出台《瓦渣坪村子女助学奖励办法》，欧阳运民的子女成为首批受益者，解决了后顾之忧。目前，全村享受教育扶助81人。2018年，瓦渣坪村实现帮扶措施全覆盖。

现在步入瓦渣坪村，美丽景象扑面来。2018年工作队多方筹资20万元，对村委会驻地和多个自然村活动场所进行硬化，安装体育健身器材，新增35盏太阳能路灯，并安排了卫生保洁员。此外2口破烂的山塘和4口水井也修葺一新。"如今，瓦渣坪村一点也不比城里差。"村支部书记刘楚英逢人便说。

如瓦渣坪村一样，很多贫困村脱胎换骨。江华瑶族自治县大路铺镇石下村通过"扶贫车间"进乡村工程，办起了皮具加工等劳动密集型小微企业，满足贫困户"挣钱顾家两不误"；江永县源口乡三源村创办电商驿站，销售自制的"土娃米酒"和本村贫困户香型特色农产品，年网销总额超过400万元；宁远县通过交通扶贫发展生态旅游，湾井、九嶷山等8个乡镇120多个村1.3万户直接受益，呈现出村美歌欢人富的新村新景象。

2年的挂职经生活很快结束，而我与永州人民朝夕相处、在脱贫致富的道路上同甘共苦的岁月，将永生难忘。

沉下心　办实事　我的安远扶贫路

燕科

安远县位于江西省南部，地处闽粤赣三省交汇处，是国家扶贫开发工作重点县和罗霄山脉扶贫攻坚特困片区县。受组织委派，交通运输部公路局养护保通处处长燕科，于2018年4月27日到安远挂职锻炼，任安远县委副书记、县政府副县长，负责交通运输对口支援和交通扶贫工作。他在安远有哪些心得感受？一起来看看。

迅速转变角色　沉到基层学习

赣南苏区是一片红色热土，承载着一段苦难辉煌的革命历史，记录着无数先辈党性锤炼的生动事迹。挂职之行，也是一次难得的寻根之旅。踏上安远红色土地的那一天起，我始终带着敬佩之情、感恩之心，希望尽快融入这块红土地，为这块红土地的蓬勃发展贡献力量。

从城市到山村，从机关到基层，如何尽快融入一线工作，是每位

我的扶贫故事

挂职扶贫干部均需经过的第一道关口。我来到安远后，马上投入基层一线调研，先后到赣南地区10个县(区)的40余个项目点开展集中调研，从不同视角学习各地经验，从全局层面了解赣州各地情况。同时，我也深入全县18个乡(镇)、车头镇各村各组，完成了挂点乡(镇)辖区内所有贫困村和非贫困村的走访调研，特别是对自己挂点的官溪村44户贫困户进行了逐一深入走访，切实摸清摸实了家底、了解掌握了村情民意和群众诉求，提高了对农业、农民、农村工作的熟悉程度。

燕科(右二)在基层调研

下乡、到村、入户 真心为民解困

2018年，是安远县脱贫摘帽的关键之年，时间紧、任务重，不让一个贫困人口掉队并非易事。自从担任车头镇扶贫团团长、官溪村脱贫攻坚第一责任人以来，为了推进全镇的脱贫攻坚工作，我把下乡、到村、入户作为日常工作的主要方式,最密集的一个月里,有 20 多天都在下乡走访,全面排查了车头镇各村的"空心房"整治、安全住房、"两业"覆盖等方面存在问题。

到车头镇开展工作后,遇到的第一个难题,便是农村"空心房"整治工作。由于历史和体制等原因,车头镇闲置"空心房"一直存量较大,不仅严重影响村容村貌和人居环境,又浪费土地资源,阻碍乡村发展。即便如此,仍有不少村民因循守旧,认为老宅不可拆,使得镇里不少村组的"空闲房"整治工作曾一度陷入困境。为打开工作局面,我带头动员自己结对的 2 户贫困户,先行对他们名下的"空心房"进行拆除,以打消其他群众顾虑和等待观望思想。此后,不少群众也纷纷关心、支持、主动参与到"空心房"整治工作中。

按照县委县政府扶贫工作要求,我结对联系了 8 户贫困户,只要没有会议和政务活动,我都会抽出时间,到每户贫困户家走访一遍,同亲戚们拉家常、问冷暖,与他们一起分析查摆致贫原因,帮助制定有针对性的脱贫致富措施。

贫困户陈日新对扶贫政策不了解,因家庭劳动力增加,低保被取消,一直对村干部心存芥蒂。我了解到这一情况后,多次耐心细致地到他家里上门走访,宣讲享受低保的有关政策,使他对党和政府的扶贫举措有了深入了解。同时,还协调镇里和村委会,免费为他提供了一间临街店面,帮助他实现了稳定的收入来源。在一次日常下乡调研中,我得知龙竹村碛脑小组村民欧阳水凤因为生活困难,没有钱治疗白内障,导致左眼失明。第二天,我就联系了县人民医院专家团队,争取免费治疗政策,圆了她重见光明的心愿。

乡风文明是乡村振兴的"灵魂",在调研过程中,我发现农村"老人住老房""有儿不养"等现象较为突出，影响了扶贫工作的效果和质量，对下一阶段乡村振兴战略的实施，也将是严重掣肘。去年中秋佳节之际，我组织官溪村村委和帮扶单位金融局，为村里百余位老人组织举办了第一届"官溪村 2018 年敬老日活动"，既拉近了与群众的距离，也可以潜移默化地促进纯朴民风的形成。

燕科（右三）和敬老院老人共度春节

打造"四好农村路"的"典型样板"

交通是发展的先行官。作为分管交通运输、公路工作的县委副书记，为尽快推动各项政策、项目落地实施，我多次到乡（镇）基层一线、部门单位调查工作，到项目进度滞后乡（镇）现场办公。过去的 2018 年，在不懈努力下，安远县基本实现了进村主干道提质扩面、20 户以上通组路、公路有效管护、电商物流进村、路域环境提升五个全覆盖，走出了一条贫困县建设"四好农村路"助力交通扶贫、乡村振兴的特色之路,打造了欠发达县份建设"四好农村路"的"典型样板"。

邀请技术专家实地指导

2018年9月,安远县被交通运输部、农业农村部、国务院扶贫办联合命名为2018年"四好农村路"全国示范县。与此同时,依托"四好农村路"建设,安远县催生生态观光果园20万亩,特色产业合作社200多家,发展起淘宝网店1800多家,涌现了"红薯村""山药村""蜂蜜村"等50多个独具特色的产业新村。近3年来,全县旅游接待人次年均增长32%,旅游综合收入年均增长28%。贫困发生率由2014年底的13.9%下降至2018年底的0.72%。

如今,一条条畅达的"四好农村路",就像一根根琴弦般,在安远红色土地上,弹奏出一曲人和、民富、乡村美的动人乐章!

不当过客　不做看客　撸起袖子加油干

郑　宇

2019年1月16日，交通运输部运输服务司城市交通管理处副处长郑宇从首都北京来到川西高原，挂职担任小金县委副书记，负责脱贫攻坚、交通运输、招商引资工作。新的岗位，新的使命，新的环境，新的考验，他是怎么接受这些"新"挑战的呢？一起来看。

我是"新兵"，先当"学生"

从成都到巴朗山这一路，我的内心是忐忑的，既有对藏区高原生活的担心，也有脱贫攻坚责任的压力。然而在翻越巴朗山、驶出隧道的那一刻，看着小金蔚蓝的天空、巍峨的雪山，我的心安定下来，决心为小金的脱贫攻坚尽好责、出好力。

只有心中有数，才能手里有招。到小金后，我把熟悉县情、转换角色列为自己的首要任务。作为脱贫攻坚战场上的一名"新兵"，必须先当好"学生"。初到小金工作,我认真学习了脱贫攻坚相关政策文件、县委常委会工作报告、县政府工作报告、22个专项扶贫年度计划等资料,第一时间熟悉了县情和相关工作情况,收获了很多"干货"。

接地气才能增底气,动真情方能知实情。初步熟悉县情和相关政策后,我开始到部门和乡镇走访调研。4个月的时间,我深入21个乡镇和贫困村了解情况,入户走访群众200余户。针对群众的诉求、乡村的困难,我在笔记本上记录了几十页。这4个月,我虽然透支了"体能",但接"地气"、增"底气"、有"朝气";了解的实情、汲取的养分、带来的思考,是一笔终身受益的财富。

郑宇(右一)深入乡镇走访贫困户

我的扶贫故事

群众有"所盼"，交通有"所干"

小金四面环山，山高路远，李白所作的《蜀道难》就是小金交通的真实写照，我也切身体会到了难在何处。

小金交通条件极为不便，进出县的主要通道虽是国道和省道，但公路等级都很低，除了通往丹巴县的通道较为平缓外，通往汶川县的 G350 线要翻越海拔 5040 米、隧道进出口海拔 3850 米的巴朗山，通往雅安市的 G351 线要翻越海拔 4930 米、垭口海拔 4114 米的夹金山，通往马尔康的 S217 卓小路要翻越海拔 4470 米、垭口海拔 4114 米的梦笔山，每到隆冬季节，许多路段结满暗冰，给车辆行驶带来极大的安全隐患。

由于交通的原因，两河玛嘉沟、虹桥沟、结斯冰川、抚边龙头滩等资源未得到有效的开发利用。虽然近年来交通设施不断提档升级，通畅水平大幅提升，但交通瓶颈仍然制约小金的经济发展。交通不便，让许多群众"出行难"，比如汗牛片区的 3 个乡镇，由于地处偏远，县城到乡政府需绕行丹巴县，车程更是达三四个小时之久。而美沃乡通往汗牛乡"美汗路"，有小半年都被冰雪覆盖，不能通行，需绕道甘孜州。

这些问题让我倍感压力，同时也让我有了迎接挑战的动力。要改善小金交通现状，就必须突破瓶颈。"没有调查，就没有发言权。"为了切实掌握小金的交通现状，我实地调研县内各级道路建设情况。忍着高原反应的种种不适，4 个月来，我在崎岖的山路行程超过 3000 公里。站在距县城 60 公里的猫鼻梁，我深刻地感受到了交通对旅游产业的影响,在四姑娘山镇的现实条件下,如何让主干道绕开集镇的同时将游客留在景区,是我们必须考虑的问题。G351线曾是小金"5·12"汶川特大地震时的生命通道,已是3月中旬的夹金山垭口仍然覆盖着没膝的积雪,车辆错车也是异常艰难。从县城乘车颠簸了3个小时左右,我终于到达潘安乡,而抵达窝底乡、汗牛乡和远一些的村还要更长的时间,一次出行就这样疲惫,这里3个乡镇的群众每一次出行都这样辛苦,我们应该想办法改善交通条件,为偏远地方群众的出行提供方便……

郑宇(左一)实地调研高原道路建设情况

工作定了,任务明了,关键在落实。按照县委县政府关于"交通枢纽突破年"工作部署,我积极督促县交通运输局大力推进项目建设。在大家的共同努力下,各个重点项目正有序推进。S217卓小路和S450

理小路正在紧锣密鼓地施工；G350 线四姑娘山镇过境公路改线工程、四姑娘山镇至小金县城红色旅游公路、G350 线小金至丹巴公路升级改造工程等多项工程已经或即将开工；部交通定点扶贫项目逐步落实，"四好农村路"示范县创建工作也有序推进。

脱贫攻坚尽心力，一枝一叶总关情

来到小金时，我县正面临脱贫摘帽省级第三方评估。根据县里安排，我负责联系宅垄乡，为尽快了解脱贫攻坚情况，我实地走访宅垄乡的 5 个贫困村、60 余户贫困户，与村民"摆龙门阵"，深入了解"两不愁三保障"情况，协调解决相关困难。在各方共同努力下，我县于 2019 年 4 月顺利通过了脱贫摘帽省级第三方评估。

宅垄乡四明村是交通运输部定点帮扶村，也是我联系帮扶的贫困村。这是一个高半山村，平均海拔 3050 米，居住着 400 余名朴实勤劳的嘉绒藏民，其中，建档立卡贫困户 26 户 85 人，以发展苹果、花椒等经济作物为主。我到任之后，及时了解各个项目实施情况，并根据四明村的实际情况及群众意愿，进一步优化帮扶项目，确定并实施土鸡养殖、花椒种植、民宿打造、技能培训、厕所革命等 12 项帮扶内容。此外，我积极与县交通运输局对接，对四明村村道路面及安全防护设施进行改造提升，为村民提供安全便利的出行环境。

授人以鱼，更要授人以渔。推动产业发展，是推动脱贫的治本之道。沙棘是一种珍贵的经济林树种，被誉为天然维生素的宝库和"维 C 之王"。干旱河谷地带的小金县非常适宜种植沙棘。为发挥沙棘的生态价值和经济价值，推动产业发展，我积极联系蚂蚁金服，确定了 2019

年蚂蚁森林中国绿色碳汇基金会合作造林四川省小金县沙棘造林项目，协调公益资金 235 万元，在新桥乡 4 个村种植沙棘生态林地 5000 亩。该项目的实施，有力助推了精准扶贫，项目劳务全部采用就近原则，有 260 余户建档立卡贫困户受益。沙棘成林后达到盛果期，采摘也将由当地农户完成，沙棘食品公司负责收集沙棘果，直接兑付到群众账户并成立扶贫基金会，建立扶贫基金账户。按照沙棘产品产生的经济效益，提取 1% 收益用于精准扶贫，帮助贫困户解决日常生产生活需求。

  虽然来到小金才 4 个多月，但我把脱贫攻坚的使命牢记心上，把建设交通的责任担在肩上，把百姓安康福祉落实在行动上。在这个物质匮乏却富含精神的地方，在这个民风淳朴、群众乐观向上的地方，每办成一件实事，听见老百姓说一句"卡卓"(藏语，意为感谢)，我都感到无比踏实和欣慰。心之所向，素履以往，我将带着新时代交通人的责任和担当，继续在小金扎下根、俯下身，不当过客、不做看客，撸起袖子加油干，在脱贫攻坚和交通建设的战线上，磨炼意志，迎难而上，贡献青春！

寨子渠村脱贫有我的心血

肖 遥

2017年9月,交通运输部运输服务司干部肖遥响应中央脱贫攻坚的号召,赴国家级贫困县陕西省淳化县挂职。在担任润镇副镇长的1年多时间里,他深入基层走访调研,为民解决各种困难,敢于担当助力脱贫。

扶贫就是要啃硬骨头

刚到润镇,镇党委书记党相哲就找我谈话,提到由于人事变动,现在润镇的寨子渠村恰好没有包村领导,且该村是润镇今年唯一一个拟脱贫的贫困村,任务重、压力大。我没有任何犹豫,主动应下来,来扶贫就是要啃硬骨头,去最艰苦的地方、干最困难的任务。

虽然有信心、有决心,但面对全新环境的我,不免有些忐忑。与当地群众语言交流存在障碍、对村情村貌现状了解不清、离整村脱贫退出检查仅剩 3 个月……面对这些问题，我一直勉励自己："共产党员最不怕的就是困难，只要有坚定的信念和科学的方法，一切困难都是暂时的。"

进入工作状态后，我对寨子渠村 25 户贫困户进行多次走访，大半时间都在村里入户调研，经常到村民家串门，尽我所能为他们解决困难。我还曾多次半夜冒着大雪赶往村里处理紧急工作，即使生病发烧仍然坚守岗位在村里加班到深夜。一次，寨子渠村支部书记张建行对我说："有时候感觉你不像是镇领导，倒像是一名村干部。"对我而言，这是一种表扬，一种肯定。

2018 年初，寨子渠村顺利通过了贫困村脱贫退出验收，成为润镇第一个脱贫的贫困村。

有了长期产业才能稳定脱贫

寨子渠村脱贫后，我肩上的担子又重了一些，负责包抓五爱村、寨子渠村、湫池沟村 3 个村。湫池沟村也是一个贫困村，拟 2018 年底脱贫，五爱村是全镇第一大村，虽然不是贫困村，但贫困户脱贫任务全镇最重。

我努力为各村争取资金改善基础设施。不到 1 年时间，3 个村都建成了标准化村级卫生室，完成了村级所有主要道路的硬化。寨子渠村新建 1200 平方米的文化广场，配备文化体育设施；修建排水沟 4300 米，改善了村容村貌。五爱村、寨子渠村安装太阳能路灯共计 100 余盏，实现了"乡村亮化"。淳化县是六盘山集中连片特困地区的贫困县，部里提供了很大的政策支持，2018 年底，全县所有村都实现了主要道路硬化。

我的扶贫故事

肖遥(左一)参与改善当地的基础设施建设

我和同事多方奔走,争取资金,组织各村发展长期产业。寨子渠村种植黄桃40亩,淳化县公路段提供资金补助4.5万元,带动贫困户20户;新建光伏发电基地,占地面积5亩,带动贫困户25户。湫池沟村种植油用牡丹64.5亩,县农发行提供资金补助2.6万元;贫困户新建大棚2个,补贴1.6万元。有了长期产业才能稳定脱贫,群众才能继续致富奔小康。

目前,3个村都顺利完成了贫困户脱贫任务,湫池沟村则于2018年底完成了整村脱贫退出。在长期产业的支持下,已经脱贫的贫困户有了稳定经济来源,不用担心返贫,老百姓的生活变得越来越好。

乡村最美的不仅是风景

不仅要让村民吃得饱穿得暖,更要让村民精神上过得充实、丰富。

抓村子脱贫的同时，我还在镇里分管文化工作，结合这个机会，组织开展了多项文化活动。

我努力通过各种渠道、多种形式在全镇各村推进文化工作，组织文化下乡演出、开展"健身秧歌辅导培训"、建立农家书屋、举办"圣贤宫第一届奉道孝亲慈善行"庙会。寨子渠村还别开生面地举办了一次"助力精准脱贫移风易俗纳凉晚会"，隔壁村村民都赶来看热闹。虽然舞跳得不齐，歌唱得跑调，但是在我眼中，这些群众都是最美的，这就是美丽乡村。乡村最美的不仅是风景，更是与我朝夕相处的村民们。

2018年3月，肖遥（右一）当选润镇第十九届人大代表

2018年8月，镇综合文化站组织开展了"润镇广场之星"评选活动，全镇近20个节目参赛，最终评选出4个节目参加县级比赛。在全县总决赛7个评比项目中，我们推选的4个节目获得3项第一名和1

项第二名。

1年多的乡村生活，还是有很多不适应的地方：没有暖气，冬天将近零下20摄氏度，全靠一个电炉子取暖；住办一体，平时就住在办公室里，没法洗澡，只能去外面的澡堂洗；作为一个南方人，吃不习惯当地的面食……其实，我更担心家里的父母和妻子。来挂职时，我刚结婚4个月，妻子对我的工作给予了很大的支持。就在20多天前，我们的孩子出生了，整个孕期几乎都是她自己一个人挺过来的，现在也是她一个人带着孩子，我却没法照顾，真的很亏欠她，作为一个丈夫、一个父亲，我没有尽到自己的职责。但为了脱贫攻坚，舍小家为大家，值得！

能够到基层工作，参与扶贫，其实我感到很幸运。我始终坚持把挂职当任职，把职业当事业，把任命当使命，多为村里干实事、谋发展、促脱贫、传文化。

三件小事告诉你,我在黑水的扶贫生活

吕怡达

2017年9月9日,中国海上搜救中心干部吕怡达到四川省阿坝藏族羌族自治州黑水县芦花镇热拉村担任驻村第一书记。自到任后,他与全村上下一起抓生产、搞建设、创文化。期间,村里发生了许多故事,一起来看看。

"蹭饭"拉家常　谁迟到谁请客

热拉村是一个省级贫困村,在物质贫困的背后,是精神动力的不足。我经过一个月的摸底调查发现,部分村干部存在着工作懒散、不守纪律的情况,集中表现在开会迟到、工作推诿等。如果不能团结这些村干部,不能改变他们的精神面貌,脱贫有政策兜底估计问题不大,但全村致富奔康恐怕存在较大的困难。

在仔细考虑并充分征求前几任第一书记意见后,我开展了第一项工作：蹭饭。去村书记、村主任及几个组长家，拉拉家常、讲讲故事、增进友谊，并诚恳地向几位村干部表达了我希望改进村委会工作风气的愿望。出乎意料的是，我的这一想法获得了全村大部分村干部的支持，在支委会上，党支部工作制度得到了顺利通过，并议定形成迟到请客吃饭机制，由全体与会同志共同监督实施。"迟到请客吃饭"机制建立后，往日开会迟到、工作推诿的现象有了极大的改善，大家的干劲儿越来越足。

从被拒绝到被认可

在2018年3月3日召开的全村党员大会上，大家重点讨论2018年的产业规划。我提出希望党员能够在奔康致富中起到先行先试作用，因地制宜的发展藏香猪、牦牛、凤尾鸡等本地特色产业。然而，只有2名同志响应了号召，其他同志都以农务繁忙、无启动资金等理由婉言拒绝。

虽然一开始号召的效果并未达到我的预期，但是我坚信人民群众始终是向往美好生活的，要帮助党员们建立信心。我从身边的同事、亲戚、朋友、帮扶单位及能够动员的一切力量入手，想方设法销售村内农产品：村里的牛肥了，就联系帮扶单位帮忙销售；村里的蔬菜熟了，就到县中推销蔬菜；村里的猪出栏了，就去附近的工地食堂推销猪肉；村里的鸡长大了，就想办法把鸡卖给成都的朋友。在派出单位、帮扶单位及社会各界的大力支持下，热拉村的农产品不仅销量喜人，而且还通过过硬的质量得到了市场的认可，藏香猪、牦牛、凤尾鸡养殖户等都获得了良好的回报。在发展成果面前，党员干部们都动心了，有的开始自筹资金建设养鸡场，有的开始翻耕荒地种植娃娃菜，有的开始购买猪苗养殖藏香猪，相较去年，2019年春天的热拉村更显出了勃勃生机。

吕怡达（右）指导发展本地特色产业

"六和"营造和谐氛围

受社会不良思想的影响，村内家庭内部、邻里之间、村组之间往往因为鸡毛蒜皮的事闹矛盾，不仅消耗了村组干部大量的工作精力，而且严重耽误了生产生活和项目实施进度。我会同村委会议定，决定重拾传统道德文化精华，总结凝炼形成了"六和"文化：倡导"夫妻和"促进家庭团结，仁青家过去因经济困难，夫妻矛盾较大，时常吵架

我的扶贫故事

甚至有时还打架，村组干部主动传授夫妻和谐共处的经验，现在夫妻间相敬如宾。巩固"婆媳和"营造稳定环境，公足生家的老人因病长期难以自理，媳妇甚至有过家庭暴力行为，村内组织批评教育，帮助处理家务琐事，让媳妇懂得尊敬老人，让老人懂得体谅晚辈。宣传"家庭和"打造四星家庭。69 岁的小三郎恩波长期生病，妻子在家将老人照顾的无微不至，儿子多次前往成都市务工赚钱，孙子学习之余，积极将家庭环境打扫得整洁干净，被评为"四星文明家庭"，有效起到了示范作用。协调"邻里和"形成和谐村风，俄尔坝组内过去经常因为牲畜破坏农田、柴火堆放占地等小事产生邻里矛盾，村内组织专项谈心谈话，把问题放在桌面上，把矛盾在调解室内解决。鼓励"村组和"开展良性竞争，2018 年村内召开组长联席会议 20 余次，强化专项政策宣贯和项目解答 40 余次，组织村组公共卫生评比 10 余次，开展联合共建 2 次，完成结对共建、加深感情、共同致富。做到"干群和"强化鱼水之情，驻村干部把工作做在群众家里，让党中央的声音原汁原味传递到基层，动员一切力量为贫困户找办法、找出路，用实实在在的扶贫措施、用"真扶贫、扶真贫"的一颗真心，培育了村民的感恩意识。

随着"六和"文化的宣贯，村子里的氛围更加融洽，村民们不再对眼前的蝇头小利斤斤计较，大家相互理解，有了共同的目标——致富奔康，过上好日子。

驻村工作近 2 年来，有付出的艰辛，也有收获的喜悦，更有许多对家人的愧疚：妻子小产无法照顾、千里之外的父母自己不能尽孝……尽管如此，作为一名藏区第一书记，我无怨无悔。我深知，舍小家是为大家，不怕苦、不怕累，怕的是辜负群众的期待。希望在驻村的日子里,我能多为藏族同胞干点实事,让热拉村在奔向小康的路上一帆风顺。

吕怡达(左二)动员贫困户开展脱贫行

外通内联　通村畅乡
扶贫在"路"上　我在通渭

高金永

甘肃省定西市通渭县位于甘肃中部，地处黄土高原丘陵沟壑区。2011年被列入六盘山区集中连片特困地区，2017年被列为全省23个深度贫困县之一。2017年9月，交通运输部救助打捞局纪委委员、局办公室主任高金永来到这里，挂职县委常委、副县长。他在扶贫路上有哪些感悟？一起来听听。

老乡给我上了一堂课

通渭是全国书画艺术之乡，有中书协、中美协会员70多人，以书画为生的人员达到2000多人。贾平凹在《通渭人家》里提到，每一个通渭人都有着高贵的灵魂。不久，我就见到了实证。

进村入户时，我来到了贫困户老罗家。老罗和妻子都有重病，儿子在读初中，家里连一件像样的电器都没有。我问老罗需要什么帮扶，万万没想到老罗说他什么也不需要，家里过得很好。这背后透着西北汉子的倔强和通渭人的精神。之后，我联系公益组织对孩子进行了助学帮扶，给予每年5000元助学金，为老罗家里捐建一座牛棚并落实了一头母牛来发展生产。老罗拉着我的手不是表达感谢，而是满怀愧疚地说："我对不起政府，我拖了后腿，我一定努力早日脱贫。"

在我的脱贫攻坚联系村寺子川乡王儿村里，我见到了蓝老汉，他80多岁了，住在一个土夯墙的小屋里。那个时候我刚刚到通渭，还听不懂地方方言，他拉着我的手说了很多，乡里的书记跟我解释说，蓝老汉是一个老共产党员，他原来是这个村的书记，

高金永（左）查阅当地贫困户档案

他刚才说对不起组织，没有把这个村带好。我听到这里泪水就涌到了眼眶，那种感情无以言表，这件事过去快两年了，回忆起来我仍然激动。这才是共产党员，这才是党性，这才是通渭的百姓！这样的百姓不应该生活在贫困之中，更应该享受到改革开放的红利。我心里面暗暗下定决心，一定要努力工作，一定要助推脱贫攻坚。

交通先导至关重要

随着工作推进，我逐渐了解到，通渭县拥有玉米、马铃薯、中药材等特色优势产业，红色旅游资源十分丰富，著名的榜罗镇会议就是在这里召开的。要把这些优势资源变资产、变资金，让老百姓受益，一是离不开安全便捷的交通运输，把客人迎进来、送出去；二是离不开高效率、低成本的物流体系，支撑区域经济发展。这就需要落实交通扶贫规划，用好、用足交通扶贫对西部的倾斜政策，狠抓基础设施建设。

首先，以高等级公路建设为突破口，以省、县乡道改造提升工程为重点，以村社道路硬化为基础，以安全生命防护工程为保障，全力推进交通项目建设。2017年以来，我与同事们狠抓通榜公路建设，这是交通运输部确定建设的100条旅游路之一，全长60.6公里，可以带动盘活红色旅游资源。全长37公里的定通高速已经开工建设，2021年建成后将结束通渭县不通高速的历史。此外，还投入资金2.39亿元，升级改造省道2条，共85公里；投入资金4亿元，建成县道4条，共51.9公里。

目前，通渭县已经拥有国道1条，省道4条，通革命遗址公路1条，县道12条，乡道4条，专道1条，村道398条，农村公路总里程2423公里，基本达到以国、省道为骨干，县、乡道为辅助的四通八达的公路网络。

高金永(左三)参与危桥改造工程竣工验收

双100%目标实现指日可待

"四好农村路"是习近平总书记亲自提出、亲自推动的一项民生工程、民心工程、德政工程。交通扶贫也提出了两个100%的硬指标。承载第一个100%的"通畅工程"是偏远山区经济发展的"命脉"。从2013至2016年，通渭县建设通村硬化路1230.3公里，形成了"外通

我的扶贫故事

内联、通村畅乡、班车到村、安全便捷"的农村公路交通运输网络，提前实现了 100% 行政村通硬化路的交通扶贫目标。2017 年以来，县里开始着手行政村以下的村社道路建设。目前，全县 18 个乡镇全部通了油路，332 个建制村全部通了沥青(水泥)路，通畅率达 100%。

农村道路不仅要建得好，更要管得好。为此，县里制定印发了《通渭县农村公路路长制工作方案》《农村公路养护管理办法》和《通畅工程养护管理办法》，成立了农村公路路长制协调推进工作领导小组，设立了农村公路路长和县、乡两级路长办公室，推行道路管理路长制，建立了"县有路政员、乡有监管员、村有护路员"的路产路权保护队伍，明确工作职责，促进各部门协同治理。

农村道路不仅要护得好，更要运营得好。通渭县有二级客运企业 1 家，客运站场 2 家，客运车辆 141 辆。在此基础上，我们鼓励引导 8-9 座中小型面包车投入客运市场运营。通过优化班线设计，推行定制客车服务，推广偏远地区呼叫服务，建制村通班车率达到 97%。未通客车的行政村，已经作为交通扶贫的主攻目标，通过改善路网提高通行安全性，借助小型班车再上线，到今年年底即将实现建制村通班车率达到 100% 的目标，进一步改进广大群众出行服务，方便群众走亲访友和外出办事。让老百姓实实在在享受到交通运输改革发展的红利，真真切切体会到公共服务均等化的实效。

挂职不当挂客　我在色达

丁　凯

色达县地处"三区三州",平均海拔4127米,全县有89个贫困村,是全国少有的六类区县和深度贫困县之一。2015年,色达被列入交通运输部定点扶贫县。2016年10月,交通运输部救助打捞局规划建设科技处副处长丁凯主动请缨,告别都市的繁华,来到了这里,挂职色达县县委副书记。今天,让我们来听听他的故事。

作为交通人,建不好路就是失职

受特殊地理环境和经济不发达等制约,交通基础滞后一直是制约色达发展的最大短板。作为扶贫干部,我必须想藏区之所想、急群众之所困急,尽全力帮扶色达。

色达气候特殊,农村公路建设长期存在设计不合实际、公路建设准入低、施工技术不强、监理监管不到位等问题,致使交通项目质量

我的扶贫故事

成为"硬骨头"问题。作为交通人,建不好路就是失职!在交通运输部的结对帮扶支持下,色达县编制完善了农村公路建设标准;把公路建设纳入全县综合目标绩效考核管理;始终坚持在施工一线"零距离"督导检查,凡是不达标的项目一律不验收;筹集100万元在色达建立甘孜州第一个农村公路养护站和标准化交通检测实验室,对材料选择、路基施工等全程开展跟踪监测。通过一系列举措,色达交通项目建设质量得到大幅提升,交通状况有了实实在在的变化,群众看见我们交通干部,就竖起大拇指。

丁凯(左四)参与色达交通项目建设

亚龙乡色多玛村位于色达县城西北方向，平均海拔4000米，长期以来，由于特殊的气候环境和地质条件，村里没有一条像样的道路，运输全靠人背马拖，"晴天一身土，雨天一身泥"是村民出行情况的真实写照，交通不畅俨然已成为色多玛群众脱贫致富的"瓶颈"。经过不懈努力，2017年，总里程10.24公里、总投资1385.6万元的色多玛通村通畅公路竣工。色多玛一村第一书记胡朝志说："自从道路通畅后，村民能出去，外面能进来，酥油、奶渣子、虫草都能拿出去卖了，我们还建立了牦牛养殖专业合作社，群众人均增收4860元，顺利脱了贫。"

两年来，交通运输部累计投入7.612亿元实施通村通畅项目237个共992.59公里，实施2016-2018定点扶贫项目12个共136.69公里。全县公路总里程已达2260公里，贫困村100%通硬化路，道路通畅率从2015年的52.2%提升到100%，色达由"路网末梢"变为川青交界地的"区域节点"。

绘好蓝图建好路是不够的，如何能让农村公路延续高质量发展，如何利用修好的农村公路提升百姓的幸福感与获得感，成为亟待解决的新问题。

2016年起，县委、县政府优先解决了乡村养护站、公益性养护员问题，同时整合各类资金，投入565万元，建设色达县农村公路机械化养护应急中心，确立养护机构，明确县、乡、村三级养护职责，招聘268名农村公路养护员，道路养护比例从2015年的40%提高到2018年的100%，"有路必养、养必见效，有路必管、管必到位"目标正逐步实现。

为了帮助色达开通公交，在多方奔走下，到2016年我们终于与新川藏公司达成协议，开通了首条公交线路，结束了色达建县62年来无城市公交和农村客运的历史。目前，色达已开通城内公交线路2条，城乡公交专线3条，建成农村客运招呼站44个，城乡公交覆盖9个乡镇，投入12辆公交车，年运送旅客15万人次。一个以县城为中心、乡镇为平台、行政村为节点的农村客运"三级运行便民体系"初步形成。

扶贫须扶智。治穷脱贫的关键在于人才。色达条件艰苦、工作辛苦，进人难、留人难。授人以鱼不如授人以渔，必须为色达培养出本土人才。在交通运输部的帮助支持下，通过"送出去""走进来"等形式，举办业务培训11次；通过"一对一""一对多"等形式，邀请专家5个批次共16人到县里实地指导，帮助色达干部提升业务能力和水平，为色达交通建立了一支懂技术、能实操的专业技术队伍。

交通一通百业通

"我老婆是包虫病，每年要花好几万治疗，家里欠了不少钱""我们又没技术，汉语也讲不好，没法出去挣钱"，听到大家你一言我一句地道出自己的心里话，我意识到要"跳出交通抓脱贫"，用实际行动带领贫困群众脱贫增收，过上好日子。

旭日乡江达村和龚古村位于色曲河下游，海拔3460米，两村的地理条件和气候条件，在全县有着得天独厚的优势，堪称色达"小江南"，群众也有种植白菜、洋芋等蔬菜供自家食用的习惯，但因为交通落后，致使产品很难拉出去销售。在了解这一情况后，我与其他干部争取交通定点扶贫资金，修建了旭日乡龚古村通村通畅工程；联络经营商，在国道317线两旁和县城菜市场建立了销售点，切实解决群众运输难、销售难的问题。

在我们的不懈努力下，色达依托干线公路积极发展蔬菜大棚、乡村酒店、乡村旅游等致富产业，2018年"十一"黄金周，色达接待游客18.85万人次，实现旅游收入18846.5万元。两年来，色达贫困人口从15868人减少到2801人，减贫幅度达83%，贫困发生率由34.2%下降到5.7%，实现了74个贫困村退出。2016年、2017年色达农村居民人均可支配收入分别为8552元、9604元，增速分别为12.5%、12.3%，连续两年居全省第一，荣获"全省农民增收工作先进县"称号。看着这些喜人的数字，成就感油然而生，我们洒下的汗水、付出的辛劳，都化作了一条条通村公路，带领农牧民群众脱贫致富，成为党与群众紧密联系的民心路，成为各民族共同进步的团结路。

稀缺的是氧气，宝贵的是精神

在色达县最偏远的大章乡中心小学，虽然建了学生浴室，但由于没有制热设备，无法供应热水。10岁的桑珠泽仁说："学校里的书全是字，我好多都不认识，根本看不懂。"教育是阻断贫困代际的最有效手段，孩子的事耽搁不得。我与同事们发动社会爱心人士，为全县中小学捐赠图书10万册，帮助大章、泥朵、年龙等乡镇配置空气能热水设施3套。两年来，我们组织第四结对帮扶组以"党建结对"的形式，牵手贫困村党支部脱贫奔康，筹集"扶贫日"捐款和教育基金140余万元；捐赠办公电脑22台、工程机具7台(套)、实验设备66台(套)、医疗救护车3辆；采购色达土特产40余万元，解决群众困难实事40余件。

我的扶贫故事

丁凯(后排左一)出席向当地小学捐赠图书仪式

"在高原上工作,最稀缺的是氧气,最宝贵的是精神"。两年多来,虽然经常因深度缺氧需靠服用止痛药来辅助睡眠,虽然远离都市的繁华,不能经常陪伴家人左右,但是看见色达实实在在的变化,百姓的腰包鼓起来了,就觉得一切都值得了。援藏不当镀金,挂职不当挂客,我们扎根高原、迎难而上,扛住了高原艰难困苦,担起了党和国家的使命,体现了交通运输部的责任担当。我们是新时代的交通人,我们愿为脱贫攻坚献出自己的力量。

坚守在雪岩顶村

湖北省恩施州建始县雪岩顶村平均海拔 1500 多米，长江航务管理局扶贫工作队代表 3 万多名长航人坚守在这里。脱贫攻坚任重道远，听听他们的故事……

雪岩顶村的幸福路

黄发学

刚到村的时候，村民们以为我们城里来的干部不过是走走过场，很多人持怀疑和观望态度。好几次入户走访，一句"我穷我的，关你什么事"，让我们吃了不少闭门羹。也正是因为这样，更加激励了我们干好扶贫工作的决心和信心。村民李祖国家曾是村里最苦、房子最破旧的贫困户，老石木结构的房子到处是裂缝，一下雨就生怕它倒了，一家人提心吊胆。我们通过落实易地扶贫搬迁政策帮助他们住上了安置

我的扶贫故事

小区的新房,如今很幸福。

打通山路"十八弯"是雪岩顶村村民最大的心愿。我们走遍了5条通组公路和1条村级主干道,制定了村组公路建设方案上报长航局,很快560万元修路专项资金落地雪岩顶村。为了推动此项工程尽快实施,我们实地踏勘、多方联络,一个个环节攻关,一个个问题解决。在县、乡相关部门的配合下,到2017年,组级公路硬化完成11.9公里,20户以上的村民小组全部通水泥路。升级改造村级主干道公路8.7公里,路面加宽至6米,其中3.5公里安装了路灯。村民们可预约乘坐客运班车,开通了雪岩顶村的幸福路!

黄发学(右二)带领工作队与雪岩顶村贫困户沟通交流产业发展

雪岩顶·雪中情

刘江波

1年来,我们与乡村干部朝夕相处,与村民同吃同住,充实而忙碌。学政策，察民情，结"穷亲"，战风雪、斗严寒、踏泥泞，争取项目资金，落实帮扶措施，参与村级事务，接受各项检查，项目工地、田间地头、猪圈牛棚，见证了我们的一幕又一幕……

我们与乡村干部组成脱贫攻坚"尖刀班"，落实"三个在村""八个到村到户"，全力做好易迁安置、低保核查、一标三实、数据比对、信息采集、扫黑除恶、"厕所革命"、换届选举等工作，新建水池1100立方米，全村形成近33公里的硬化路网，新建40米通信铁塔即将矗立雪山之巅。

在通信铁塔建设选址上，为最大限度照顾村民，我们多次联系相关部门，说明理由，最终铁塔重新选在了更佳位置。李汝香老人中风倒地，我们第一时间送她去乡卫生院救治，她的残疾儿子生活无人照

刘江波（左一）为困难群众送去户户通室外天线

料,我们日夜轮流照顾,争取到县、乡民政部门的理解支持,将母子纳入乡福利院集中供养。通过落实政策和共同努力,我们结对"亲戚"的生活有了改善,不少村民盖了新房。基础设施、产业发展、人居环境、乡风文明、集体经济、支部党建等取得新进步。

送拐杖的故事

刘向群

刚刚进村进行捐助扶贫工作的时候,村民们对我们的工作不信任,工作打不开局面。有一天我看见一个穿着简朴的六七十岁的老人,他的右腿比左腿短了20公分左右,手里拿着个大木棍,在寒风中蹒跚着。村主任告诉我,他是四组的村民叫金启然,是老初中生,是村里少有的文化人,就是个性有点倔。小时候生病,因为医疗条件差,落下了残疾。因为家里穷,孩子们都出门打工,家里就剩下老两口,家庭条件很差,自己种田勉强糊口。

第二天我去看他,发现他住的地方用家徒四壁来形容都不为过。那一刻,我更明白了扶贫工作的责任和意义。回家休息的时候,我找出了一副崭新的拐杖,原本是我准备送给卧病在床的母亲,但一直没有用上,母亲去世后作为纪念留在家中。我把拐杖送给了他,并告诉他以后有什么困难我们一起解决,有党的扶贫政策,你的生活一定会好起来。不久,许多村民知道了这件事,在与村民的交流过程中,我也感受到他们比以前热情了。打听后才知道,送拐杖的事情是老金告诉村民们的,他说:"我腿残疾这么多年。自己的孩子都没有给我买过一副拐杖。工作队的同志才来,就给我送来了,他们是真心来帮助我们的。"从此以后,他为我们扶贫队的工作提供了大力协助和支持。

刘向群(右一)联系枸杞公司对贫困户进行技术指导和知识培训

"群众利益无小事"

彭　琤

在工作中,我们要切实做到"群众利益无小事"。76岁的李汝香,她的儿子6岁时因患脑膜炎留下严重智障和肢体残疾,生活不能自理,全靠老人伺候。儿子今年54岁了,在这漫长的岁月里,她边劳作边照顾残疾儿子,生活很艰辛。老人家是新中国首届妇女建设社会主义积极分子,曾受到周总理接见。近几年,在政府和长航扶贫队的关心帮助下,她家盖了新房,享受了养老金、低保政策,一直心存感激。有

我的扶贫故事

一次，县残联在乡卫生院组织开展集中评残工作，考虑到她的儿子重度残疾行走不便，如果不想特别办法，很可能失去这次办理残疾证的机会，也就不能享受相应的残疾人政策待遇。我们积极与相关工作人员联系，说明特殊情况，寻求支持，县残联和中医院被我们的真诚感动了，同我们一起到李汝香家里开展上门服务，详细询问了老人家的家庭生活情况，仔细查看了她儿子的肢体和病情，表示会按相关政策给予办理。

彭峥（左一）帮助村民外出培训

用实际行动感染她

汪 炀

我印象最深刻的是李汝生老人，因为村里水网改造，水管敷设需经过她家山林,按照国家政策公共基础建设,这是没有个人补偿资金的。村干部们带着我去她家,第一次走访协调完全被"吼",这个"刺头"根本不和我们讲道理。李汝生的家庭条件不算太差,但她脾气古怪。她会为管道敷设占了她的山发上几个小时的牢骚,也会因为她自以为的某些"不公"对我们大发雷霆,甚至还阻拦施工车辆,拦路收费,砍断水管等。可就算面对这样的"硬茬",我们依然不厌其烦地宣讲有关政策,晓之以理,动之以情,解释宣传一遍不行,就两遍三遍,直到她明白为止;走访一次不行就两次三次,用我们的实际行动来感染她,最终赢得了她的理解和支持。

就在前些日子,李汝生老人还专门跑到村委会来邀请我们到她家去做客吃饭。我还故意打岔:"不敢去,怕您老人家又吼我。"她不好

汪炀(左一)积极参与村级事务

意思地低头笑笑："我们农村人没什么文化，嗓门又大，以前是不懂政策，确实不好意思，给你们找麻烦啦，你们难道还跟我老太婆一般见识啊。"现在每每路过她家门口，她都会热情地招呼我们进去陪她拉拉家常。

"流放地"到生态村

王俊松

驻村扶贫1年多来，我和队友一起爬雪山、走险路，访农户、察民情，跑项目、拿资金。这1年多，200多万步、3万多公里车程见证了我们在村内的足迹，5本民情日志、1000多次入户走访见证了我们和村民的亲密感情，1000多万资金投入、40余个项目实施见证了我们的辛勤付出，30余公里道路建成、2000余方水池建设、多项主导特色产业开花、近10家农家乐开业、村民收入增收30%见证了我们的努力成果。

曾经周边老百姓口中孩子不听话后的"流放地"，成了乡风文明并且极具发展潜力的生态之村。村民魏明双对我们说："以前我们过年去走亲戚，别人老远就会大声说高山上的人来了，嫌弃我们这边穷。这两年，他们主动往我们山上跑，看到我们村里的变化，感觉就像城里的开发区，满脸都是羡慕的表情。"

2018年，雪岩顶村被评为湖北省级生态村、湖北省绿色乡村，列为建始县乡村振兴示范村，党支部荣获建始县红旗党支部称号，扶贫成效受到省、州、县各级领导肯定，被国家、省、州各级媒体报道，我们的努力和付出得到了充分的肯定。

王俊松(左一)入户走访

一切付出都是值得的

张志凌

何光菊的儿子十几年前在一场车祸中不幸丧生,她的丈夫多年前也去世了,唯一的女儿又远嫁新疆,长年的风湿类关节炎疾病导致她手指变形,73岁的她日子过得很孤独,但依然勤劳乐观。除了在政策上帮扶外,我们给予她更多精神上的关怀。我一有空就去跟她聊聊家常,帮她做做家务,挑点水砍点柴。村民是朴实的,只要真心实意为他们着想,真帮实扶为他们解决困难,就能拉近与他们之间的距离,获得支持和配合,逐渐融为一个整体。

我的扶贫故事

村里有很多农副产品卖不出去,村民们渴望建立持续稳定的销售渠道。为此,我们与当地政府、扶贫部门、村支两委一起商讨建立了电商销售平台。还记得村民们在电商平台项目落成那天的笑容,那是对我们最好的褒奖。

我白天要走农户、跑部门、推进项目、筹集资金,迎接省州县乡各级检查,与县乡各部门协调对接,晚上还要完成各类台账记录、规划方案、总结汇报、档案管理等。2年时间,我常穿的一双雨靴一道道防滑痕几乎被磨平,经历过宿舍水管结冰被断水一个星期的困难,也曾独自一人骑着摩托车去协调修路矛盾而摔倒在湿滑崎岖的山路上,腿上的疤痕至今犹在。但是这一切付出,在我看来都是值得的。

张志凌为贫困户种植的枸杞剪枝

情留边疆

唐泽林

2017年7月30日,长江三峡通航管理局唐泽林,与第九批中央和国家机关、中央企业援疆干部人才一起踏上了奉献新疆、援建新疆的新征程。正逢新疆大发展的机遇期,挂职于新疆交通投资有限责任公司的他一直在思考,这几年在这里能做些什么?走的时候能留下些什么?

经过集中培训,我了解了党中央的治疆方略和新疆的社会、经济、民族、宗教等情况。援疆工作不仅关乎国家战略实施,还关系到民族融合、领土安全、祖国统一、经济发展,我深深地感受到自己肩负的责任。

自治区党委政府明确了"十三五"期间新疆交通基础设施建设要加大力度,2017年完成2000亿元目标,2020年末实现"县县通高速、乡乡通油路、村村通硬化路"。由于时间短、任务重,而且我一直从事水运方面的工作,突然转变为公路,面对全新的思维方式和工作内容,

我的扶贫故事

一切都要从头学起。经过短暂的工作思路梳理以及向第八批援疆干部请教经验之后,我渐渐对工作有了信心和干劲。我购买了许多关于公路方面的教材、标准规范,广泛收集新疆交通各类规划、公路项目的设计文件和交通运输厅里有关部门规章,抓紧业余时间学习专业知识,熟悉各业务领域的基本情况,适应新疆"白+黑""5+2"的工作强度与节奏。

2017年9月下旬至11月上旬,我与当地干部职工一起连续大干50天,放弃节假日及周末,下沉一线深入调研。新疆的交通建设发展基础较差,投资力度不够,处于国家交通运输网的末端,区内通行车辆大多为自有车辆,跨区过境车辆少,交通流量小、通行费收入低、债务负担沉重,还处于传统的"收费还贷、统贷统还"发展阶段。

新疆交通投资有限责任公司主要扮演着政府融资平台这一角色。针对公司实业基础薄弱、经营性资产短缺、市场化运营难度大的现状,我向公司领导提出了"去平台化、由虚转实"的工作思路建议:一是要加强现有资金管理,使账上的资金活起来、动起来;二是要加快存量资产盘活,把已划入我公司的路产转起来,实现收费收入直接划到公合营、租赁、承包等多种方式;三是积极争取市场化直接融资参与资格,通过交通+旅游等方式,成为投资主体。

经过1年多的努力,我在工作上取得了一些实效。2018年与中石油、中石化、洪通燃气等公司达成协议,合作成立新疆交投能源投资管理子公司,采取自营、改造方式,通过验收并投入使用;编制出台了S20五工台至克拉玛依高速公路项目公司组建方案并提交交通运输厅审核待批;参与公司资产扩充与转性工作;参与公司筹融资工作,为公司下一步获取市场化直接融资参与资格、推进多渠道、多元化投融资战略的实施奠定了基础。

唐泽林(右)考察服务区加油加气站

另外,我的工作还发挥着多方协调、桥梁纽带的作用。加强与交通运输部在交通规划、交通扶贫等工作上的对接,积极推动兵地交通基础设施按照"一张网"的原则建设发展,促成自治区交通运输厅与兵团交通局签订了阿勒泰至乌鲁木齐高速公路建设项目合作协议。

在走访新疆当地居民时,有一件事让我久久不能忘怀。有一个小孩用的文具已经破旧得看不出来原本的样子了,铅笔用到拿在手里快要握不住,我的内心受到了冲击。我发现当地小孩所用文具种类单一、数量较缺乏,便组织大家给他们捐款捐物、买文具书本。看着孩子们脸上的笑容,我感到无比开心。

唐泽林(左三)与中石油谈判，达成合作协议

2018年12月的乌鲁木齐早已白雪皑皑，白色的城市给人一种静谧的感觉，可此时我的心却如何也静不下来。因为母亲身体不好，我请假回了趟宜昌，新疆受援单位领导让我多待几天好好照顾母亲。安顿好了母亲之后，我陷入了思考，那时真有一种"自古忠孝两难全"的感觉。病床上的母亲看出了我的难处，说道："你不要担心我，你好好工作就是孝顺我了。"一旁的妻子也说："放心吧，有我呢，现在妈的病情稳定了，我们都等你圆满完成任务回来。"收起思绪，想到还有1个多月就要完成援疆任务返回原单位，心里万般不舍，我会时时刻刻牵挂着这片土地上的人们，因为我们是一家人。

来到六盘山,我由船舶检验行业"跨界"卫生健康领域

王顺平

宁夏固原市原州区官厅镇高庄村,村民海正军打开了屋外的牲畜栅栏,五六头牛安静的卧在稻草上,院子里的老伴兴奋地拧动了屋外的水龙头,"哗"的一声,白花花的自来水喷涌而出,生平第一次,她不用再为饮水的问题担心:"安全饮水工程通了,连牛羊也能喝上干净的自来水了。"

2017年9月底,在中国船级社涪陵办事处担任验船师的王顺平,来到宁夏回族自治区固原市原州区担任区委常委、副区长,跨省结对帮扶。近两年的时间,从山城重庆到黄沙漫漫的高原,王顺平的皮肤变得黝黑泛红,身形也日渐消瘦,可为了让当地的人们过上更幸福的生活,他一直在努力着。

"富起来"遍地牛羊洒遍荒滩

不了解对"水"的情感,就无法理解原州区脱贫的难度。在这里,

我的扶贫故事

年均降水量不过500毫米,蒸发量却超过降水量的3倍。干旱的山区里,即使高产的玉米,亩产也不过200余斤,而种子就占40多斤。等雨耕种,靠天吃饭,直到2017年,原州区的贫困发生率为10.2%,仍远高于全国平均水平,刚来到原州区的我,看见当地的现状以及这一串棘手的数字,扶贫的难度可想而知。

为解决原州区的农村人畜安全饮水问题,半年多时间里,我先后走访寨科乡、中河乡、黄铎镇等11个乡镇,调研水利基础设施建设、饮水安全工程、防止水源地污染、井窖储水……由于原州区的炭山乡、寨科乡、河川乡等山区山大沟深,地形复杂,地域面积广,农村人畜安全饮水工程施工难度大,工作推动起来困难非常大。按照计划,2019年要新增2995户农户通自来水,需要改造升级近3000户农户的饮水工程,农村人畜安全饮水是"两不愁、三保障"的重要指标。既然区委、区政府把重任交付于我,即使工作难度再大,也一定要把它干好。小康路上,决不能因为群众吃不上清洁的自来水拖了后腿!

王顺平(前排左三)走访乡镇,解决安全饮水问题

此外，根据原州区的实际情况，我大力推进发展养殖业，全力抓好贫困村全面推行"530计划"，即每户至少发展5头牛和30只羊。为了彻底打消农户养殖没技术的念头，让他们稳得住、致得富，在我的努力下，种养殖大户、致富带头人、村干部积极发挥"领头羊"的作用，对农户进行全面扶持和帮助。

千年的戈壁荒滩，因为46万原州区人民的伟力，雨后春笋般地出现了遍地牛羊，菌菇棚、土豆产业园、冷凉蔬菜基地、扬水灌溉及井灌工程等基础设施建设也陆续进行，当地村民高兴地说："我们现在年收入可以达到万元咧，再也不用望天收了，你看养殖棚里的牛、院子里自动化的农作工具，还有政府帮扶下修建的宽敞住宅、农村公路、人畜安全饮水等，我们过上了'做梦都能笑醒的日子'。"

"动起来"公益救助、医疗设施全面开展

少年强、则国强。看见开城镇柯庄村30个建档立卡户家庭的孩子们缺少必备的学习用品，我自掏腰包给他们买了书包、文具等，希望为孩子们的教育和成长尽一份力量。

扶贫工作在斩"穷根"的同时，更要斩"病根"。在中国船级社和原州区委的协同下，来到原州区主管卫生医疗的我，展开了一场大规模的医疗帮扶行动。但在挂职之前，我完全没接触过卫生健康领域。隔行如隔山，顶着巨大的压力，我更加积极地寻求合理的工作方法，决定用脚踏出一条新的医疗路子。

十一个乡镇卫生院、三个社区卫生服务中心、几十个村卫生室……用了半年多时间，我到处走访、调研，多次"走街串巷"后，发现

我的扶贫故事

了原州区的"原生"问题，医疗基础差、优质医疗资源短缺、医疗网络故障频发、项目建设滞后。我所挂职的原州区医院，以往开出最多的处方竟是转院。

去年，我主动联系上福建的一个挂职领导，为原州区健康事业捐赠了320万(220万用于医院改扩建，100万用于标准化村卫生室建设)；今年初，在多方的奔走下，原州区人民医院与四川华西医科大学成功建立了帮扶关系，开通远程会诊平台，有效解决了县域疑难杂症、提升了县医院医疗水平，同时还严格控制诊费，甚至远远低于原来的费用，大大减轻了患者的经济负担。在华西医科大学的技术支持下，河川乡一个得面部神经纤维瘤的孩子(20岁，单亲家庭，建档立卡户)心中又燃起了希望的"火苗"，两位病危重症患者转危为安。

通过我们的不懈努力与付出，乡镇卫生院和社区服务中心逐步实现精准救治，病人转院率由过去的50%下降至5%。2018年，我所分管县的卫生健康和健康扶贫工作在全宁夏22县区综合考核中获得一等奖，同时在固原市(四县一区)综合考核中又斩获第一名，在原州区综合绩效考核中拿到一等奖，给原州区的百姓交出了一份满意的答卷。

挂职扶贫近2年来，我按照整体规划，认真落实区政府的文件要求，逐步推动整个片区的医联体建设："互联网+医疗"的推广和普及、卫生系统网点的广泛合作、乡镇医院互联网系统硬件基础的补充和完善、移动互联网的全部进驻。通过一系列"大方向、高质量"的医疗服务，打通了全区"互联网+医疗"的经血脉络，确保了百姓在基层享受到了最好的诊疗服务，提高了群众的生活质量，也一点点温暖了这座城。

来到六盘山，我由船舶检验行业"跨界"卫生健康领域

王顺平（右一）调研社区卫生服务中心

"活起来"乡村公路助跑加速

要想富，先修路。村村有路，发展才会有出路。

和村民拉家常时，我发现大家最普遍、最迫切的需求是"修路"：多数农村公路路面宽度仅为3.5米或5.5米，坡陡弯急路段多见，大货车更是经常压坏路面，平平坦坦的水泥路也都变成了一条条坑坑洼洼的石子路，"晴天一身灰，雨天一身泥"。

固原要想"活"起来，更应借助交通手段，打开农村与外界的往来通道。只有连通农村公路"大动脉"，打通乡村公路"微循环"，才能让固原真正发展起来。但修路需要指标和资金，这资金可是个大难题。

当扶贫干部，就该为民做点事，再难也要硬着头皮干。我按照难易程度列出计划表，开始奔波起来：做交通部门的思想工作，加快推进原州区公路基础设施建设进度，带头实地调研，奔波于自治区交通厅和原州区之间，争取项目资金……有时天不亮就出门，夜深了还在走，话说多了，嗓音都是哑的。功夫不负有心人，在各方通力协作下，目前所有行政村已全部通了硬化路，有条件的行政村也已通了沥青水泥路，原州区获得国家"四好农村路"示范区称号。

建好路、护好路，更要走致富路，对于未来交通规划，我们信心满满，计划在现有基础上加快陕甘宁片区间高速路网联通的研究规划，尽早建成更密集、更合理的高速路网，让固原的优质牛羊肉、冷凉蔬菜、马铃薯、枸杞等特色农副产品走出去，让票子走进来，让百姓过上更好的日子。

六盘山，曾经记录下我们革命历史转折的奇迹，也必将见证一个摆脱贫困新时代的开启。我愿用自己的行动，携手原州区的群众共同见证美好时代的到来。

拒做"佛系青年"，
我在革命老区的脱贫路上努力奔跑

任 勇

"江西有一红一绿，红是红色文化，绿是绿水青山！""你们一定会深爱上江西的！""我代表江西欢迎并感谢各位博士来帮助我们发展，也预祝各位在江西身体健康、工作顺利、收获满满！"在第18批博士服务团成员行前培训之后的见面活动上，江西省委组织部的领导向江西团的博士们介绍了本省的基本情况，中国船级社技术研究开发中心高级工程师任勇对未来挂职江西省交通运输厅规划办公室副主任的一年充满了期待。

正式报到后，经历了一段短暂的适应期，我快速融入到了挂职单位的工作中，先后参与了一些业务和管理工作。其中让我印象最深刻的要数多次带队开展的水运发展情况调研。

对大宗货物运输而言，水运具有明显经济优势，水运能力的提升对地区经济将产生积极拉动作用。信江高等级航道是鄱阳湖生态经济

我的扶贫故事

区的骨干航道，也是江西省综合交通运输体系的重要组成部分，昌江、乐安河作为信江高等级航道的重要支线航道，是赣东北地区水运的重要通道，进一步提升昌江、乐安河水运服务水平是畅通信江干支联动、打造"大信江"航运的重要举措，是发展绿色水运、补齐交通短板、强化赣东北地区与长三角沟通联系的重要抓手，将对赣东北地区的经济发展、对外开放合作起到促进和支撑作用。

2018年3月初，厅规划办成立了课题组，开展昌江、乐安河水运发展调研工作。课题组成立之后的三个月，我多次带队深入赣东北地区，对昌江、乐安河的水运发展情况进行了较全面调研，先后与各地各领域单位代表就昌江、乐安河航运发展、水运需求等情况进行多次座谈，实地调查沿江的枢纽、桥梁、码头等主要设施近20处，考察了航道、岸线利用等情况，对河流及流域腹地经济社会发展状况和未来需求有了较全面了解。

调研过程中的三件小事给我留下了深刻的印象。

有所不为　有所必为

记得有一次我们调研某枢纽工程的时候，当地干部介绍，该枢纽坝顶公路桥已被鉴定为危桥，目前已对桥梁进行限载，再加上坝基和闸门工作方式等为升级改造增加了难度，而且高水位时，水面已到达坝顶公路桥的桥底面，闸门及一楼办公管理用房已全部淹没在水中，存在一定安全隐患。现在采取的措施是在枢纽上游500米处新建大桥来保障今后两岸交通重载车的通行，枢纽本身也有拆除重建、原地改造加固等几个建议方案。尽管从经济性上来看，拆除重建是代价最大的，但从保障人民群众生命财产安全的角度来看，拆除重建却是最有利的。当地干部介绍的这件事也给我很大触动，政府不同于企业，不能只算经济账，还要承担更多社会责任，因此，政府要有所不为但更要有所必为，这种"必为"很大程度上就体现在对最广大人民群众最直接最现实利益的维护上。

任勇（右四）带队调研浯溪口水利枢纽

尘土飞扬的急刹车

有一次，调研组乘车从景德镇市出发，深入下辖的浮梁县，沿昌江逆流而上调查河道和上游浯溪口水利枢纽的情况。汽车驶出浮梁县城沿着蜿蜒的公路奔驰着，公路两边满是绿树与金黄的油菜花田，大家心情轻松愉快地欣赏沿途的美景，讨论调研的细节。汽车不断向东北方向行驶，从宽敞的公路拐到了窄窄的山路上，随着汽车不断向山里行进，硬化的山路也变成了乡间土路，速度并不很快的车在土路上扬起了漫天的灰尘，以至于同行的前方的另一辆车都变得模模糊糊了。突然，司机师傅踩了一脚急刹车，车猛地停了下来，这时才看清，我们的车离前面停着的车已经很近了，待灰尘散去才发现，原来是对面来了一辆大卡车，由于路窄我们前方的车不得不停在路边等待大卡车小心翼翼地先通过，又因为灰尘遮挡了视线，我们这辆车才会急刹车，好在司机师傅经验丰富，有惊无险。

通过了崎岖不平的山路后，汽车驶进了一个坐落在山坳里的小村庄，村子不大，大约有二三十户人家，以老人、妇女和儿童为主，想是青壮年的男人都出去务工了。这个村子与外界的联系主要就是靠我们刚刚走过的这条路，想象得到，村民们也是非常渴望能门前水泥路、出门上公交吧，我们只是因为调研才偶尔走一次这条小路，村民们可是要几乎天天走呢。这也让我深刻地认识到，虽然江西的交通这些年整体发展很快，取得了令人瞩目的成绩，但在一省之内也确实存在着发展的不平衡不充分情况。后来听同行的当地干部介绍，这个村子即将整体搬迁了，搬到新居后村民们的生活条件和出行条件将得到极大改善。

驱车百公里的敬业精神

一次我们到位于鄱阳县的省港航局上饶分局调研时，会谈前调研组意外发现，省港航局景德镇分局的一位负责人也来到了会场。后来了解到，这位负责人听说调研组要到上饶分局来了解昌江和乐安河的水运发展，驱车近百公里主动赶来向我们介绍他掌握的昌江情况，并向我们发出热情邀请，希望我们一定尽快到景德镇去实地调研昌江。经过几次沟通，调研组认为到景德镇调研的条件已经成熟，于是果断把计划中的昌江调研提前，尽快完成昌江调研任务。

开始我们只是感动于这位负责人的敬业精神，深入接触之后才发现，他业务能力也非常强，对昌江上辖区内的枢纽、桥梁、码头、航道、水文、沿江主要航运需求等情况非常熟悉，很多数据都烂熟于心、对答如流。工作接触多了，慢慢熟悉了，相互了解也就多起来，他不止一次和我们讲，对于一个已过中年的人来说，之所以积极推动昌江航道升级，就是想在自己的职业生涯中再多做一件有意义的事、造福当地企业和人民的事！这位负责人留给我的印象非常深刻，从他的身上我看到了一个奉献、担当的干部形象，我相信，在江西革命老区这样的干部还有很多。能有机会向优秀地方干部学习对我个人来说也是一次难得的机会，努力在敬业精神、为民情怀、专业素养等方面提高自己的能力，时刻准备好为党、为国家、为人民做更多事情。

通过一系列深入基层的调研，我们掌握了比较翔实准确的第一手资料，在其后的5个月时间里，调研组数易其稿，最终完成了《昌江水运发展调研报告》和《乐安河水运发展调研报告》，总结了调研过程中发现的过闸过坝设施能力不足、航道通航流量不足、沿线跨河桥梁对船舶通行存在制约、港口基础设施建设落伍等多个问题，提出了尽快开展昌江和乐安河航道测勘及试验研究、适时开展新建或重建枢纽选址研究、做好与各项规划的衔接等多条具体建议。调研成果和相关规划建议得到行业专家肯定，并上报供领导决策和后续江西省内河航运规划修编参考。

我的扶贫故事

任勇(右排左五)带队赴景德镇市与各单位座谈

功成不必在我　功成必定有我

江西是革命老区，红色教育资源十分丰富，我努力把握这个难得的机会，到革命圣地井冈山、共和国的摇篮瑞金、方志敏战斗过的地方怀玉山以及南昌八一起义纪念馆、省博物馆"红色摇篮"展区等地追寻历史，缅怀先辈，涤荡灵魂，自觉接受红土圣地的洗礼。通过勤读"有字之书"和善学"无字之书"，努力提高业务能力，积极了解社情民意，培养自己的"大"视野，锻炼自己的"大"思维，提高自己为民服务的"大"能力。我深知"功成不必在我，功成必定有我"，不贪一时之功，不图一时之名，江西大发展的新征程中有我的足迹和汗水就足矣。

挂职服务匆匆结束，我也已经回到了原来的工作岗位，但在江西的收获让我铭记，使我受益终身。一年的挂职工作时间虽然短暂，却让我收获了成长、信息、洗礼以及正确的政绩观。也让我有机会重新思考服务、奉献、情怀等问题，切身体会到工作拥有奉献精神、服务精神和为民情怀非常重要。工作、生活和实践也进一步教育了我，做工作要全身心投入，努力避免过客心态，常怀感恩之心，脚踏实地。杜绝"佛系心态"，拒做"佛系青年"，不能"都行""随便"，因为"我们都是追梦人"。

"感谢任博士一年来对我们的无私帮助！""希望任博士有机会常回江西看看！"临别时领导和同事们的感谢和祝福依然回荡在耳边，饱含着领导和同事们的深情！我将带着从红土圣地上汲取的丰富养分，以更加饱满的热情投入到工作当中！

"光杆主任"援疆500多天，只回过两次家

王 伟

2017年7月30日，交通运输部规划研究院王伟挂职新疆维吾尔自治区交通运输厅规划中心副主任，踏上了为期一年半的援疆路。在540天的任职期内，王伟在疆502天，在岗521天，只回过两次家。

到新疆工作不久，由于人员变动，2018年起，我开始一人肩负起副主任、科长、科员的职责，很多人叫我"光杆主任"，这对我而言是不小的挑战。身兼多职的我努力做好两点：一是为新疆社会稳定和长治久安提供有力的交通运输保障，二是给新疆旅游发展提供更好的交通支撑。

2018年6月，我多次组织编制单位修改完善的《新疆省道网规划（2016—2030年）》经自治区人民政府批示后正式发布，这也算为新疆公路交通中远期的建设和发展提供了重要依据。此外，我重点组织开展了一系列交通与旅游融合发展的研究工作，其中，《新疆公路交通与

旅游融合发展三年行动计划》已通过自治区人民政府常务会议的审查，将于近期正式印发；《新疆公路旅游标志设置指南》已由自治区交通运输厅与旅游发展委员会联合印发；《关于促进新疆维吾尔自治区公路交通与旅游产业融合发展的指导意见》也完成了阶段性成果，这一系列成果的出台将有力促进新疆交通与旅游的双赢发展。

交通工作者在这里要肩负起驻村、维稳走访等方面的工作。2017年9月下旬，为了确保十九大前期及会议期间新疆的安全与稳定，自治区交通运输厅响应自治区党委的号召，我和本地干部职工一起连续工作五十天，国庆、中秋节也不休息。在自治区交通运输厅流传着这样一句话"吃三睡五干十六"，意思是一天除了吃饭3个小时，睡觉5个小时，剩下的16个小时都要工作，这些都使我深刻体会到了在新疆工作的特殊性。

我印象最深刻的是每两个月一次的"民族团结一家亲"走访活动。单位为每位干部安排了一名维吾尔族亲戚，我的亲戚叫艾合麦提·艾力，家在南疆喀什岳普湖县岳普湖乡喀拉玉吉买村。

记得第一次去亲戚家，艾合麦提·艾力和他的妻子麦日古丽·如孜早早就在门口等候，虽然听不懂彼此的语言，但亲戚脸上淳朴的笑容使我倍感温暖。之后的一周我和亲戚一家一起烧水做饭、打扫庭院、喂羊喂鸽子，还一起学习十九大精神。当时正值寒冬，亲戚家只有1个小煤炉，屋里很冷，我给亲戚添置了新的煤炉和煤炭；他的孩子在读初中，我给孩子带去了历史、科学方面的书籍，鼓励孩子好好学习，通过自己的努力让一家人过上更幸福的生活。一桩桩小事，让我和亲戚在结亲活动中感受到了民族团结大家庭的温暖。

还记得结束援疆前的最后一次下村走访，正逢摘棉花的时节，

2017年国庆假期，王伟（左四）和同事在现场调研

村里一些农户由于缺少劳动力，家里很多棉花没有采摘完。我们和一起走访的同事组成"帮农"小组，帮助他们采摘棉花。一天下来走访干部每人采摘了二十多公斤，其中我摘的最多，大家开玩笑叫我"棉花博士"。摘棉花时，我们和村民聊天，宣讲党的十九大精神、富民政策以及法律知识，倡导农户采用更文明的生活方式。那次摘棉花，拉近了我们和维吾尔族同胞的距离，促进了民族交流交往交融。

援疆期间我只回过两次家，其中一次还是借出差北京的机会，在540天的任职期内，我在疆502天，在岗521天。参加援疆是我生命中很重要的一个决定，虽然很苦很累，但我为能在新疆贡献自己的力量而感到自豪！

在南疆岳普湖县帮村民摘棉花

用一年半的时间，做一生无悔的事情

汪守东

2019年3月6日，交通运输部规划研究院汪守东挂职于新疆生产建设兵团交通运输局，开启了1年半的援疆之路。为了尽快融入兵团，他迫不及待熟悉兵团历史，学习边疆政策，考察调研兵团交通运输情况。

新疆与八国接壤，战略位置突出，兵团屯垦戍边是国家治国安邦的重大战略部署。深刻了解党中央治疆方略和对兵团的定位要求，才能更好地发挥援疆干部的作用。初到兵团，我深刻体会到祖国需要兵团，兵团同样离不开祖国的怀抱。为了尽快融入兵团，我迫不及待地熟悉兵团历史，学习边疆政策，考察调研兵团交通运输情况。

对于兵团来说，路是生命线，意味着发展、脱贫、维稳，象征着活力、动力、内生力。"十三五"前3年，兵团完成交通固定资产投资252亿元。截至2018年底，兵团公路总里程达到35623公里。在交旅融合方面，推进了一批以红色旅游公路为代表的旅游公路建设，185团和186团红色旅游公路、可克达拉风情绿廊、图木舒克迎宾风情道等旅游公路和景观公路也即将开工建设。通过交通带动旅游发展,发挥集聚产业和人口,脱贫致富的作用。

汪守东(右四)考察调研兵团交通运输情况

千里迢迢来到边疆,只因使命在心中激荡。当前,兵团交通运输建设项目进入"十三五"后期,未来两年,将力争完成交通重点项目建设投资260亿元,新改建国省干线公路3800公里,新改建农村公路2200公里。一个个项目在天山南北开工推进,一条条民心路在延伸拓展,为促兵团发展与新疆长治久安助力。

由于历史原因,兵团在发展中形成了"北重南轻"的格局,外加受自然条件较差、生态环境脆弱等因素制约,兵团南疆师团的基础设施条件薄弱。2017年,党中央做出了兵团向南发展的战略部署,交通运输部明确提出到2020年"师市通一级、团镇通二级、营连通硬化路",

我的扶贫故事

到2030年形成"对外通道畅通高效、中心城市快速互通、垦区内部紧密相连、兵地之间顺畅衔接、运输服务安全便捷"的综合交通运输体系。当前,兵团向南发展取得突破、兵地融合深入推进。截至2018年底,南疆四地州公路总里程达8289公里,有效促进了兵团南疆经济发展与维稳戍边。

充分发挥交通扶贫的引导作用,兵团交通扶贫重点围绕集中连片特困地区与边境团场的出口通道、贫困地区硬化路开展建设。2018年兵团交通扶贫总投资4.86亿元,贫困地区建设农村公路472公里,新增通营硬化路建制村20个。交通精准扶贫对当地经济社会发展、维护边疆稳定安全发挥了重要作用。

我们不仅致力于改变当地落后的交通面貌,"乡村中国梦"——"让梦想起航、为明天喝彩"是2017年兵团交通局对口扶贫团场青少

挂职期间,积极参与当地生态环境保护建设工作

年京城圆梦的一次公益活动。兵团第十三师柳树泉农场和十四师一牧场以及西藏、宁夏等170余名各族青少年受邀到北京，观摩参与国家科技馆、航天中心、国家博物馆、知名专家学者讲座等活动。该公益活动是精准扶贫脱贫的具体举措，旨在帮助边远贫困地区的青少年，通过直观感受祖国的变化，感受民族大家庭的温暖，让他们树立远大人生理想和奋斗目标。治穷先治愚，扶贫先扶志。在对口扶贫工作上，我会将扶贫与扶志、扶贫与治愚结合起来，向发展教育和科技等深度和广度拓展。

我将以热情拥抱兵团，以空杯心态面对工作上的点点滴滴，在这里锻造自己，奉献自己。援疆，是一种精神，一段历练，更是一份责任，虽然艰苦，但会收获宝贵的财富。用1年半的时间，做一生无悔的事情。

援疆一年半,他做好"访惠聚"!

张鹏翀

2017年7月30日,交通运输部规划研究院张鹏翀跟随第九批中央和国家机关援疆干部人才团队来到乌鲁木齐,开启了援建新疆、奉献新疆的征程。在乌鲁木齐市交通运输局工作期间,他还负责管理局系统的人事教育、"访民情、惠民生、聚民心"(简称"访惠聚")等基层工作。扶贫期间,他与这里的土地和人们建立了难以割舍的情谊。

乌鲁木齐县永丰镇下寺村是市交通运输局"访惠聚"工作队的帮扶点之一。村里有位叫金晓东的村民,双目失明,妻子离家出走、儿女弃他不顾,第一次去他家调研,除了一张破沙发,几乎什么家具也没有。村里还有另一户低保家庭,马元夫妻二人都是聋哑人,为了让全家搬出年久失修的危房,他们拿出所有积蓄又借钱盖了新房,结果工程干了一大半包工头卷款跑了,全家人只得继续在危房里将就,夫妻二人愁眉不展。

面对这些困难家庭,我们的总体帮扶原则是先解决燃眉之急,再寻求治本之策，且加以扶智和扶志。对于因伤因病致残，特别是丧失劳动能力的家庭，我们要求"访惠聚"工作队员必须与其一对一结对子，时常上门送温暖、送服务、送真情，并依据实际情况为他们申请低保等保障措施。对于马元家的危房问题，局里协调施工队伍免费把剩下的工程进行了收尾，全家欢喜地搬进了新房。下寺村是远近闻名的"缺水村"，为了让更多村民走出靠天种地的困境，局里连续多年为该村修建 U 型灌溉水渠，改善了土地灌溉条件，村民的种地收入得到了提高。此外，为了改善村民的出行条件，局里为村里免费修建了近 10 公里的水泥路并安装了路灯，乡亲们告别了"晴天一身土、雨天两脚泥"的尴尬历史。

张鹏翀（左一）带领"访惠聚"工作队员上门送温暖

我和队员们也一直在研究更多的致富途径。听农技专家说下寺村的土地和光照条件适合种植苹果和大棚作物，我们就邀请苹果种植专家来为村民讲解修剪和嫁接技术，带领骨干村民去外乡调研大棚种植技术。每年秋收面临土豆难销的局面，我们就发动全系统职工，土豆有了销路农户也乐开了花，为此乡亲们还给局里送了锦旗。针对年轻人不愿意种地的情况，我又联系交通技工学校减免学费、送服务上门，为青年农民培训机动车驾驶技术和出租车从业资格考试，引导他们进城就业。2019年，工作队还会同村两委在扩大特色养殖、开发旅游驿站、建设果蔬冷库等方面继续发挥头雁作用，带领村民脱贫奔小康。

沙依巴克区南梁坡社区是工作队的另一个帮扶点，这个社区的安顺小区维吾尔族住户比例达35%，是工作队重点服务的小区。工作队员为小区安装了便民座椅和健身设施，修建了路灯和公告栏，并开通了便民小巴士等，使居民拥有更舒适便捷的居住环境。此外，我们还多方联系解决了贫困孩子入托入园难问题，帮助无业青年找到合适的工作，接济独居老人，全力为病患者联系医院进行诊疗。

我的结对亲戚阿曼古丽一家日子过得并不宽裕，两个孩子一直都睡在用大木箱搭成的"床"上，为了供孩子学习，夫妻俩努力工作、省吃俭用。每个月我去看望他们时，除了带些米面粮油，也会带去一些学习和绘画用品。孩子们立志长大了要走出新疆，到首都北京上大学。我觉得更多去关心下一代成长，尽力阻断贫困代际传递是新疆维护社会稳定、扶贫脱贫的长远大计。

尽管我在新疆工作只有1年半时间，但恰好历经了自治区"一年稳住、两年巩固、三年常态"全面打好维稳组合拳的重要时期，在各族干部群众的共同努力下，全区经济平稳健康发展，人民生活持续改善，脱贫攻坚战也取得阶段性成果。写到这里，我的眼前浮现出了交通技工学校的教职工们、下寺村的乡亲们、安顺小区的居民们，还有我的亲戚一家，仿佛他们就在我眼前说笑，仿佛随时又可以见到他们。希望他们一切都好、一定会好！

与结对亲戚阿曼古丽一家合影

六年援藏路,淡不了的西藏情

王 东

根据组织安排,2013年7月,交通运输部科学研究院科研管理处副处长王东作为交通运输部第七批、第八批援藏干部,在西藏一待就是六年,曾任西藏自治区交通运输厅综合规划处副处长、厅交通运输处(企业指导处)处长,现任西藏自治区交通战备办公室副主任。今天,我们来听听他的交通扶贫故事。

用脚丈量,当好交通扶贫的先行官

我深知"读万卷书,行万里路"。我经常主动深入基层,开展现场勘查和调研工作,在澜沧江边的高山峡谷间,在巍巍高山的冰天雪地里,在藏北羌塘的广袤草原中,在珠峰脚下的边境公路上,在边防一线的祖国前哨边,都留下了我的足迹。在充分调研,了解实情的基础上,我利用交通规划与运输政策领域专业知识和经验,积极参与编制西藏国道网线位规划、西藏省道网规划、西藏农村公路网规划和西藏

"十三五"交通建设规划等一系列规划,为西藏交通实现跨越式发展提供引领和指导。

在做好规划基础上,我积极协助厅领导与交通运输部等相关部委沟通协调,参与拉林公路、贡嘎至泽当、日喀则机场路、拉萨至那曲、拉萨至日喀则、国道219线萨嘎至朗县金东、国道216线区界至改则等一批重点公路建设项目前期工作,帮助这些项目尽快落地实施,真正成为一条条西藏民族团结之路、文明进步之路、共同富裕之路。在同事们的共同努力下,2018年拉林高等级公路全线建成通车,西藏有了第一条由首府通往地市的高等级公路,拉萨至林芝车程缩短到4个小时;贡嘎至泽当高等级公路于2017年建成通车,山南泽当融入拉萨一个半小时经济圈;日喀则机场专用公路建成通车,日喀则市到机场只需半个小时。这些公路项目的相继建设,使沿线农牧民增加了收入,发展了经济,带动沿线农牧民更快实现脱贫致富奔小康。援藏五年来,西藏公路通车里程从2013年的7万公里增长到2018年的9.8万公

王东(右三)在基层开展现场勘查和调研工作

里，增长了40%；等级公路从2012年的4.9万公里增长到2018年的8.5万公里，增长了73%，公路等级得到了很大提升，为西藏脱贫攻坚提供了坚实的交通基础设施保障。

西藏的农村公路难修，农村客运更难通。在任交通运输处处长期间，加快推进西藏"四好农村路"建设，我们要做的不但要确保农村公路建设好，更要确保农村客运运营好，切实解决农牧民群众出行难的问题。我积极深入乡村开展调研，充分结合西藏农村客运市场薄弱，地广人稀，线路长、客流少，市场化运营困难等特点，与同事们研究发布西藏加快农村客运发展指导意见及相关配套政策，积极争取农村客运场站建设补贴政策，加强规范农村客运市场，积极督促和指导各市(地)加快实施农村客运建制村通客车任务，为西藏建设"四好农村路"积极出谋划策，做好政策铺垫，让农牧民群众的出行更方便、更安全、更舒畅。

用情奉献，当好幸福家园的建设者

作为全国唯一省级集中连片特困地区，西藏现有贫困人口70多万人，占总人口的24%。贫困程度深、人居环境差，因病、因灾致贫现象较为普遍，扶贫任务十分艰巨。而交通基础设施历史欠账太多，一直是西藏经济社会发展的短板，也是制约西藏人民群众脱贫的瓶颈。初到西藏时，西藏很多乡村不通公路，老百姓的出行很困难，有的地方依靠人背马驮，有的地方靠溜索或渡船，有的乡村因雪山阻隔，每年甚至有半年多的时间都要与世隔绝。在高原本来就缺氧，更不要说让百姓徒步走好几十里的山路。

援藏以来，恰逢西藏处于农村公路"强基础、惠民生、补短板"的关键时期。为切实解决农牧民出行难的问题，实现到2020年西藏与全国人民一道建成小康社会目标，西藏自治区交通运输厅采取"通乡油路""交通强基惠民""边境小康村道路""易地扶贫搬迁路""边防公路建设"等一系列交通扶贫攻坚举措。我积极参与其中，为筹措建设资金，利用专业优势积极出谋划策搭建投融资平台，参与制定西藏交通建设投资有限公司筹建方案，参与协调政策性银行贷款等资金渠道，为西藏人民加快建设致富路、小康路贡献自己的力量。截至2018年底，西藏农村公路里程达到6.9万公里，乡镇、行政村通达率分别达到99.9%、99.8%，乡镇、行政村通畅率分别达到83.1%、48%（比2012年分别提高了1倍和2.3倍）。西藏农村公路建设得越来越好，很多村子发生了翻天覆地的变化，为西藏脱贫攻坚提供了有力保障。

用心坚守，当好神圣国土的守护者

西藏有边境县21个，边境乡104个，与邻国接壤的陆地边境线长达4000公里。因边境地区大部分处于喜马拉雅山脉附近，高山密布、地形和气候复杂，造成交通出行不便，很多边境村留人难。因此，西藏边境公路既是守护神圣国土的生命线，也是边境地区农牧民脱贫奔小康的致富路。为了切实解决边境地区农牧民出行难的问题，让更多的人搬迁到边境地区，成为神圣国土的守护者、幸福家园的建设者，西藏自治区交通运输厅结合边防公路建设制定实施边境地区小康村公路建设计划，加快推进和完善边境地区农村公路网络。我在援藏期间有六户"结对子、认亲戚"扶贫对象，其中有两户就在边境

我的扶贫故事

村——墨脱县背崩乡地东村。

2013年11月,墨脱公路刚刚建成通车,结束了我国最后一个县不通公路的历史。我怀着无比激动的心情,第一次走进墨脱,去背崩乡地东村看望我的门巴族"亲戚"。我看到那里的乡亲们守着青山绿水,富饶的土地和丰富的物产,却因道路不通、交通不便,很多生产生活物资都要靠人背马驮,价格比外面要贵好几倍,而那里的特产又没办法运出去,日子过得很穷,流下了心酸的眼泪。更让我难忘的是,因为当时去地东村的山上没有路,崎岖难行,只能靠徒步走完10多公里崎岖和泥泞的山路,才到地东村见到了我的"亲戚"。和我一起同行的同事因为路太难走崴了脚,最后出来的时候是乡亲们找了一头骡子帮忙将她驮出来的,看着身边那汹涌澎湃的雅江,还着实为她的安危捏了把冷汗。在村子里我们和亲戚们唠家常、出点子,帮着他们想脱贫致富的办法。"亲戚"们一杯杯甘甜的青稞酒、一碗碗浓香的酥油茶,把我和他们的心紧紧地连在了一起。

和门巴族亲戚们唠家常

六年援藏路，淡不了的西藏情

2016年，第二次去墨脱查看农村公路建设情况。看着筑路机械在不停地忙碌着，一条天路即将在雅江峡谷高山深处开辟出来，"亲戚"们盼望已久的公路就要在不远的将来通车了。2018年，我第三次走进墨脱的时候，地东村和周边乡村的农村公路都已经建好了，雅江上那座年头久远的吊桥也换成了新桥，"亲戚"们可以乘汽车进出了，看着"亲戚"们的生活一天比一天好，感到无比欣慰。

隆子县玉麦乡是西藏比较典型的边境乡，有9户32人在那里守护着我们的国土。地处喜马拉雅山脉南麓的玉麦乡，离朗县县城不过33公里，但却隔着海拔5000多米的日拉山，每当大雪封山，这里几乎就成了"孤岛"。之前的老路，路况很差，汽车几乎难以通行，每遇大雪封山，乡里的干部群众出行只能依靠徒步，等翻过日拉山走到曲松村，早已精疲力尽，而这样的生活，隆子县玉麦乡的村民们每年都要过上大半年。去年从曲松村到玉麦乡的公路在短短的一年时间里建成了双向两车道的三级公路，车程缩短近2个小时。随着公路的建成，玉麦乡小康村建设也正在如火如荼展开，游客纷至沓来，餐馆生意红火，竹编、鸡血藤手镯等当地手工艺品供不应求，56户藏族百姓将搬进新家，走上脱贫致富的康庄大道。

经过西藏交通人的不懈努力，交通扶贫的不断深入，越来越多像玉麦乡、地东村这样的边境乡村通了路，有的还通了客车，看着当地群众随着交通条件的改善，逐步摆脱了贫困，我为自己有幸成为"神圣国土的守护者，幸福家园的建设者"中的一分子感到自豪，再苦再累也值得。

我们援藏干部经常去看望西藏自治区福利院孤儿，邀请他们与养护工人欢聚在一起，共同度过温馨美好的节日，让孩子们和养路工人

我的扶贫故事

共同感受大家庭的温暖，还和他们成了好朋友。我每年都要利用基层调研机会或专门去看望和慰问我的农牧民"亲戚"，向他们捐款捐物共计3万多元。虽远离故乡、远离亲人，但我并不感到孤独，因为这里有我的藏族"亲戚"，有我朝夕相处、血浓于水的各族干部群众，西藏就是我的第二故乡。

在平均海拔4000米的西藏高原，稀缺的是氧气，宝贵的是精神。援藏六年来，我深受"两路"精神和"老西藏精神"的熏陶和感染，秉承"宁愿生命透支，不让使命欠账"的工作信念，勤勉工作，尽职履责，发挥好桥梁纽带作用，为西藏交通事业发展贡献力量。这期间，我接受了锻炼，得到了成长。我把情感和汗水留在西藏，把青春和才干献给西藏，把与西藏人民的鱼水之情刻在心里，成为我这一生，都断不了、放不下、化不淡的西藏情。

"水军"登陆，在新疆也有大作为

冯 玥

2017年7月底，交通运输部水运科学研究院水路交通环保节能监测中心副主任冯玥受部委派，参加第九批中央国家机关、中央企业援疆干部团队，到新疆维吾尔自治区交通运输厅援疆挂职3年，任综合规划处副处长。此前从未到过新疆的他，在挂职期里有什么样的独特体验呢？一起来看。

"水军"也有大作为

我以前从未来过新疆，对来新疆扶贫挂职的认识仅停留在南疆四地州属于"三区三州"国家深度贫困地区，需要通过交通基础设施改善来促进经济发展。进疆后我们参加了为期一周的培训，认真学习了新疆社会、经济、民族、宗教等情况，了解到在这片广袤的大地上扶贫攻坚工作被赋予了更为丰富的意义。

我的扶贫故事

我从事的专业主要是水运节能减排,进疆后业务领域有了巨大的变化,公路的规划、预算、设计审批、收费政策、场站建设、信息化、交通战备等业务都是以前从未接触过的领域,因此初到新疆时我戏称自己是"水军"上路。为了尽快进入角色发挥作用,我坚持在干中学,在学中干,抓住各种机会深入基层一线调研,迅速熟悉了新的岗位、新的业务,主动融入,与新疆同事一起投身到交通扶贫的伟大事业中。

跨越天山南北的乌尉高速

G0711乌鲁木齐至尉犁高速公路项目是新疆跨越天山连接南北疆的交通干线,对南疆四地州脱贫意义重大。初到新疆我接到的任务就包括推进G0711乌尉高速的前期工作,我带领同事梳理各项事项,分析难点,倒排时间节点,挂图作战,主动与自治区环保厅、林业与草

冯玥(左三)协助推进G0711乌尉高速的前期工作

原局、国土厅进行对接协调，加快环评、土地的审批，多次到部综合规划司和公路局进行汇报，加快工可行业审查和初步设计审查的进度。2019年3月该项目的前期要件终于基本准备齐全，进入立项审批阶段。

艰难发行的专项债

G3012喀什—叶城—墨玉(二期)高速公路项目是和田地区第一条高速公路，对加快南疆特殊困难地区脱贫致富步伐具有重要意义。该项目投资巨大，2018年厅决定发行专项债来解决该项目的自筹资金问题，发行资料的准备工作任务交给我，且仅有一周准备时间。此前国内仅有陕西省有过成功经验，领到任务我第一时间组织业务人员深入学习成功案例，组织咨询单位编制实施方案，与律师一条一条讨论法律意见，与会计师一遍一遍复核财务数据，最终一周内完成发行资料的准备工作，一个月完成专项债的发行，项目获得了宝贵的建设资金，2019年底将建成通车。

绿水青山就是金山银山

2018年厅计划编制《关于全面深入推进新疆绿色交通发展的实施方案》，分管领导将任务交给了我，让我充分发挥专业优势。考虑到新疆绿色交通建设基础比较薄弱，我决定不能仅留下一个方案，要借助这个机会培养一批理解该项目工作的专业人员。因此，我组建了专班，首先系统学习有关绿色交通的理论知识，然后带领专班人员一边进行调研对接，一边宣讲此项工作的重要意义，形成初稿后又到各单位多轮征求意见，召开两次专题会议进行研究，目前已完成送审稿报厅党委研究。整个编制过程中，专班成员对绿色交通有了全面深刻的认识，对未来如何建设绿色交通也有了清晰的思路。

像石榴籽一样紧紧团结在一起

了解新疆的扶贫工作也要从几个特殊名词开始：访惠聚——访民情、惠民生、聚民心；民族团结一家亲活动——干部与少数民族贫困村民结成亲戚，每两个月住村结亲一周；四同四送——与亲戚同吃、同住、同学习、同劳动，给亲戚送法律、送政策、送温暖、送文明；两个全覆盖——所有干部入住农户全覆盖，所有农户都有干部入住全覆盖。

图尔洪家脱贫了！

2017年底，厅访惠聚办公室给我安排了亲戚，图尔洪·麦海提，是喀什地区岳普湖县岳普湖乡喀拉玉吉买村的农民，家有5口人，其中3个未成年儿童，2017年家庭年收入才8000元，是典型的贫困户。2017年12月我初次到他家时，他住在土坯房里，安居房已建完还没有安装屋顶，院子破乱，仅有电视机这一个家用电器，自己用木板拼接了一张简易床，家里没有取暖的煤，做饭时只能用玉米芯烧火。结亲后，我每次来他家都给他带一些米面油等基本生活用品，买过冬煤炭和电热水器，为他争取自治区的扶贫富民政策，积极为他联系工作，帮助他谋划种植和养殖，整修庭院，收割棉花。

2018年底图尔洪成为村里的护林员，加上各项农业收入，家庭年收入已突破2.5万元，实现了脱贫。现在他们搬进了安居房，购置了新的电器和家具，每周都可以洗上热水澡，生活与一年前有了巨大的变化。2019年春节，图尔洪专门给我打来电话送上节日祝福，表达了对未来美好生活的向往。

在喀什岳普湖慰问维吾尔族亲戚图尔洪一家

我能叫你声"爸爸"吗？

2017年12月底，我参加民族团结一家亲活动，到南疆喀什地区岳普湖县岳普湖乡喀拉玉吉买村住村一周。这次我住在一个同事的亲

我的扶贫故事

戚家中,这一家是贫困户,还是三类人员家庭,家中长辈只有一名老太太,带着痴呆的大儿子、三儿媳妇和几个孩子一起生活,因为家里没有劳动力,环境很差。住下后,我就和同事一起给结亲户修厕所,清理庭院,买过冬煤炭,接送小孩放学。我发现这家一个10岁左右的小女孩不爱说话,遇到我们不打招呼还躲在一边,就向工作队干部打听她的情况,原来她父母都在教育培训中心学习,她有点自卑,不爱说话,学习成绩也下降很多。我主动把这件事接过来,带她到县城的医院找医生看看身体是不是不舒服,带她逛巴扎买衣服、鞋子和学习用品,每天接送她上下学,给她补习功课,检查作业,教她讲汉语,给她讲解教育培训的作用,化解她模糊不清的认识。一周时间过得很快,她从最初的内向寡言变得外向开朗,我告诉她我要回乌鲁木齐工作了,她哭着不想让我走,我鼓励她好好学习,要通过知识改变命运。

  两个月后我再次来结亲时,又去看望了她。她自豪地告诉我她上次考进了全班前5名,还当上了副班长。最后,她羞涩地对我说了一句维吾尔语,我问同事是什么意思,同事告诉我:她问我能叫你一声"爸爸"吗?我被这简单朴素的感情感动了,对她说:"我以后就是你的'汉族爸爸',以后每次结亲我都来看你。"

在青海,想干和没干完的事情还很多

李志建

> 我走过山时山不说话
> 我路过海时海不回答
> 小毛驴滴滴答答
> 悠悠飘向京城远方的家
> 思念我的双亲啊两鬓白发
> 咿呀学语的小儿啊谁不牵挂
> 天上的星辰脚下的泥土
> 壮丽的山川光荣的使命
> 以梦为马莫负韶华

这是李志建在2019年2月从青海省化隆回族自治县去往西宁机场的路上,想起金庸先生笔下的诗句,略作改编发在自己微信上的。

2017年9月,交通运输部水运科学研究院副研究员李志建来到化隆县挂职担任副县长,负责县交通工作。挂职2年间,他始终以"壮丽的山川光荣的使命,以梦为马莫负韶华"来勉励自己,多为青海人民做实事、做好事。

进百家门,拉百家常

化隆县位于青海省东部黄土高原与青藏高原过渡地带,平均海拔3100米。来这里的第一天,高反就给了我一个"下马威"。

那天,我提着行李上4楼宿舍,爬了两层就开始觉得腿软气喘,一进屋赶紧躺下,过了好一会儿才缓过劲来。那个晚上,我脑袋胀痛,翻来覆去睡不着。以后的日子里,"气喘"和"睡不着觉"成了家常便饭。

到地方挂职,首先得了解情况。1年半来,我和同事几乎走遍了全县。刚开始到乡亲家里还会有点不自在,后来进村入户次数多了,就真的能"进百家门,拉百家常"了!挂职以来,我的一大变化就是性格变开朗了,见谁都能聊上几句。

有一次,我们经过一个正在翻修的学校。十几个孩子临时在露天环境下上课,朗朗的读书声回荡在空中,也回荡在我心里。

"现在党的政策好,娃娃们上学不用交学费和书本费,吃饭还有营养餐,但有的娃娃还是不愿上学,就是因为路太远。"走访时当地一位老阿爷告诉我,有的孩子上学要走2个小时山路,如果遇上雨雪天气,就更难走了。听到老阿爷的话,我下定决心,一定要尽自己所能,决不让一个娃娃因为交通不便而辍学。

最开心，最艰难

我在化隆主要分管交通，目前，全县362个村庄100%通硬化路，331个村庄通客车，农村公路里程达1200公里。

交通快速发展的同时也存在一些问题。比如，西部地区山大沟深、地质灾害频发，随着建设里程增加，农村公路养护问题日益突出。此外，客运班车所采用的车型在安全性上存在一定隐患。

2018年，全省交通投资较大幅度下滑，我和交通局领导班子商量，将往年"争项目、重建管"的发展理念向建、管、养、运协调发展转变，在"强弱项、补短板、挖掘潜力、修炼内功"上下功夫。

六盘山地区去年7月到9月遭遇几十年一遇的降雨，全县先后有

李志建（右）在道路抢险保通现场联系抢险事宜

我的扶贫故事

30多条农村公路水毁中断,给百姓出行造成很大困难。只要雨一停,我们就赶紧组织养护队和机械设备上山抢修,并积极动员村民投工投劳。在水毁中断的那30多条农村公路上,每一条都留下了我们抢通保通的足迹。

作为六盘山青海片区唯一一个不通公交的县城,化隆在2019年终于迈出了城乡公交一体化营运改革的重要一步。城乡公交一体化是一项复杂的系统工程,需要通盘考虑资金筹措、路线规划、新车购置、节能补贴、公交公司组建等多方面事宜,我们也是边摸索边实践。2019年3月24日,化隆县首趟公交车开通试运营,第二天我就去体验了一下,看到乡亲们一个个像过节一样兴高采烈的,内心的成就感油然而生,要说挂职期间最开心的事莫过于此。

经常会有人问我挂职以来最难的工作是什么,毫无疑问,一定是征地拆迁。省道管哈公路贯穿化隆县东西全境,涉及6个深度贫困乡在内的共13个乡镇61个行政村,建成后将惠及数万名群众出行。就是这样一条"扶贫路""民生路",却卡在了征地拆迁上,涉及4000亩征地和近200户住房,还有寺庙、加油站、敖包山头、争议地界等诸多复杂问题。

我临危受命,担任征地拆迁组组长。征地拆迁是个苦差事,既要倾听群众呼声满足失地农民的诉求,又要结合项目和县财政能力量力而行;既要放权乡镇因地制宜讲究政策的灵活性,又要按照相关标准法规不折不扣执行;既要抓紧冬歇期完成征地任务为来年的建设打好基础,又要深切体会基层干部瑟瑟寒风中脚踩雪地伸不出手的酸楚……

从2018年11月至2019年3月底,历时5个月的时间,工作组克服了征地过程中出现的各种困难和问题,终于完成了全部征地任务。尤其是负责卡立岗山头的第三工作组,除了各种问题和矛盾,还要克服雪天路滑滚石下落的恶劣环境和出行危险。

管哈公路征地现场

我的扶贫故事

想干和没干完的事情还很多

眼下，2年任期还剩5个月，我并没有"收着干"，而是抓紧时间"冲着干"。作为一名科研工作者，挂职中面对的很多工作都是之前从未接触过的。我底子薄，前期融入角色晚，想干和没干完的事情还很多。

从化隆的老城到新城间新修一条路，是目前我最希望推进的一项工作。现在走的是一条弓背路，45公里开车要1小时，如果能穿过卡力岗山头修出一条弓弦路，公里数和耗时都能减半，这对全县"双城驱动"发展，方便群众出行会有明显的促进作用。不过，因为项目投资大和地质条件复杂，一直停留在前期工作阶段。

我还有一条思路，省道203群科新区到张汶高速木哈出口段能够拓宽，或者再起一条新路。目前省道203段双车道与新区双向八车道衔接不畅，存在交通瓶颈。每次看到沿着道路边沟行走的学生们与过往车辆擦肩而过，我的心就提到嗓子眼。

化隆县有较长的黄河河道，但目前，背靠母亲河的"水"文章并没有做出来。我同交通运输部水运科学研究院相关部门对接，规划沿群科新区的旅游航线，选址2座旅游码头进行设计，沿黄河的滨河路和步道建设已完成项目前期工作，积极推进化隆县的"交通+旅游"模式。

我曾从六盘山区的高空俯瞰，看见棕褐色的群山与沟壑之间，最为醒目的是一条条蜿蜒的白色公路线。我和同事们将青春与汗水留在这里，我们"走过山时山不说话"，但我们对这里深沉的爱，山路都知道。

一生无悔,走好我的援疆路

陈 凯

2019年3月6日,作为交通运输部第九期援疆团队的一员,部水运科学研究院陈凯来到新疆,挂职于乌鲁木齐市交通运输局。在这里,他不断自我磨砺,努力践行着"特别能学习、特别能吃苦、特别能干事、特别能团结、特别能自律、特别能奉献"的援疆精神。

是老将亦是新兵

乌鲁木齐自古以来是沟通东西商贸的重要枢纽,对中亚地区具有较强的辐射作用,在国家"一带一路"建设中,乌鲁木齐是丝绸之路经济带核心区的核心。

在交通领域,我也算是一名"老将"了,10多年的工作经历,我相信自己可以扬长避短,在援疆中发挥应有的作用。但来到这里,我是一名"新兵",最重要的任务就是迅速转变角色,尽快熟悉工作。我深入了解政策文件及工作报告等材料,也先后到南郊、北郊、米东客运站和统管办、公交集团,以及局里设置的3支"访惠聚"工作队——雅山片区管委会南梁坡社区、扬子江路片区管委会扬子江东社区和乌鲁木齐县永丰镇下寺村进行调研学习,并积极主动向领导同事请教,融入新的工作和生活。

陈凯(右三)在"访惠聚"工作队调研学习

扶贫攻坚,交通先行。目前,乌鲁木齐已建成新疆首个综合交通枢纽乌鲁木齐高铁站;建成全长80公里的东绕城高速公路等重大基础设施;建成"田"字形快速路、会展大道、阿勒泰路等一大批市政道路;建成了线网里程达100多公里、全国线网里程最长的BRT快速公交系统。此外,地铁一号线也已进入试运行阶段。2018年,交通运输局加快"四好农村路"建设,全年完成农村公路新改建200公里、安防工程200公里,改善了10个乡镇、26个建制村的通行条件,受益人口约 5.6 万。

目前，我主要负责局里的信息系统建设，牵头推进我局公交行业监管平台系统提升工作，完善监管平台数据运维体系、线网优化、线路拥挤度分析等功能模块的拓展，也负责公交都市创建，正着手准备乌鲁木齐市创建公交都市示范工程验收工作。此外，还包括节能减排、网络安全和行政执法等方面的一些工作。努力做好本职工作的同时，我也积极落实好上级单位的政策宣传贯彻和落地督导工作。

我已经把自己当作新疆人

局里有年轻干部在南疆支教，前不久我和同事们一同去了一趟那里。支教干部的日常生活虽然和跳蚤虱子结伴，缺水断电，但看到孩子们的进步，大家很是欣慰。孩子们从开始不会说普通话，到最后用普通话和老师进行交流，看到他们在快乐的氛围中成长，我深刻地认识到，扶贫先扶智，这样才能让孩子们的未来更精彩。

现在的南疆，虽然还未完全脱贫，但依靠党的民族团结和精准扶贫政策，正在不断发生着变化，道路变得通畅了，房屋变得整齐了，人们致富脱贫的信心也更加坚定了。

当我第一天来到这里，脚踩新疆大地的那一刻起，就已经把自己当作新疆人。既然我与新疆有了美丽的相遇，我将用心、用情、用力在这片沃土上挥洒自己的热情和汗水。

我的扶贫故事

扶贫先扶智,让孩子们的未来更精彩

一年变三年，昭通需要我，我就留下来

韩立志

2016年12月9日，经组织选派，交通运输部公路科学研究院综合办公室高级工程师韩立志作为中组部、团中央第17批博士服务团成员赴云南省昭通市，挂任市人民政府党组成员、副秘书长兼市交通运输局副局长，原定挂职1年。他带着组织关心、领导嘱托，肩负着工作使命，怀揣着个人愿望，藏着对家人愧疚，踏上了昭通这片热土，从此扎根基层、融入地方，书写个人交通扶贫的精彩人生。不仅如此，韩立志还两次申请延长挂职期，昭通有什么魔力？一起来听听他的故事。

一个选择 两次延挂 一份浓厚感情的流露

"五岭逶迤腾细浪，乌蒙磅礴走泥丸"，《七律·长征》中描绘红军途经气势磅礴的乌蒙山，就坐落在云南昭通。位于滇川黔三省交界的昭通，历史上曾因交通而辉煌的地方，现在却成了因交通滞后而戴着

我的扶贫故事

贫穷落后"帽子"的地级市。2018年3月11日,全国人大代表、昭通市郭大进市长在"代表通道"回答记者提问时说道:"昭通是云南的北大门,秦开五尺道就曾经通达到昭通,在全国14个连片贫困地区当中,昭通是贫困人口最多的地级市,到目前(2018年3月)为止还有92.34万人。"作为全国、云南省脱贫攻坚的主战场,贫困面大、贫困程度深、绝对贫困人口多,下辖11县(市、区)中有10个贫困县,其中7个是深度贫困县,截至2018年底,贫困发生率还高达12.49%,还有未脱贫人口58.83万人。基于发展现状,昭通找准制约瓶颈,以脱贫攻坚为统领,实施"交通先行"战略,以发展综合交通为突破口,来攻克深度贫困堡垒。

挂职伊始,我主动转变角色,积极调整状态,尽快熟悉所联系的工作,在4个月内驱车4000多公里,20余次深入11县(市、区)基层乡镇、一线工地调研,对全市经济社会发展及综合交通有了基本认识。调研中,除了掌握市情、了解项目进度外,一项重要的工作就是倾听基层干部群众的心声。所到乡镇,干部群众都集中反映:当地交通落后,还未通高速公路,国省干道亟需提级改造,防护工程薄弱,公路不畅通,"断头路"较多,一些医疗设施和药品难以到达,农特产品无法外运,小孩上学要绕路,出行不方便……交通落后,是制约当地发展的瓶颈。每当听干部群众说起当地交通状况,我都在想"我能为昭通的交通做什么?能做多少?"调研中,我看到了当地干部群众身上信念坚定、不怕吃苦、意志顽强、团结奋进的革命老区精神,也接受了一次深刻的思想洗礼。

转眼已是2017年11月,离挂职结束日期越来越近了,我在思考,1年的挂职期是否太短了?昭通综合交通发展正处在起步阶段,还有众多项目需要建设。倘若挂职期满就离开昭通,赴昭前"积极为地方交通扶贫工作献智献力"的嘱托,就完全没有落实到位。近1年的工作,我对这片土地产生了感情。同时,组织曾找我谈话,表示认可我的工作,希望我能继续挂职昭通,为当地综合交通发展献言献策。延挂,工作将得以延续,但也意味要亏欠家庭。基于昭通综合交通发展的需要,我选择了延挂1年,继续服务昭通。随着时间推移、工作深入,我在这片土地上所流的汗水、所花的心血越来越多,对昭通的感情也越来越深。转眼,又到了2018年11月,组织再次找我谈话。因为对这片热土有着浓厚的感情,我再一次选择了延挂1年,又继续服务昭通这个"大家",再一次亏欠了个人"小家"。

韩立志(左二)与驻村扶贫干部座谈

延长挂职,已经亏欠了家人;再一次延挂,对家庭亏欠之多是不

我的扶贫故事

言而喻的。刚赴昭挂职时,父母年迈,6岁的儿子刚上一年级,家庭重担落在妻子一人身上。有一次回北京出差,我凌晨才到家,第二天一大早就匆忙外出对接工作,下午正忙着做家务的妻子对放学回家的儿子说:"你爸爸昨晚回家了!"他兴高采烈地冲进卧室,却失落地走出来,"妈妈骗人!爸爸根本就没回家!""真回来了!你看,行李箱都在那儿放着呢!"看到行李箱后,孩子脸上才露出了笑容。此后,只要得知我出差回家的消息,他都会晚睡早起刻意等我,争取和我多待一会儿。每当想起这件事,鼻子还是酸酸的。在昭通工作2年多,我对家庭亏欠太多,尤其是儿子即将上四年级了,我几乎没有关心过他的学习和生活,确实没有履行一个父亲应尽的责任。对于这些,只能默默"安慰"自己,"以后慢慢补偿吧"!

一条通车路 一个交通扶贫的缩影

2016年昭通交通的有关数据表明:全市高速公路里程仅为全部公路里程的1.5%,每万人拥有高速公路0.43公里、铁路0.41公里;航空航班开通6条航线;公路运输成本在1元/吨公里左右,成本之高是全国的2倍多;同时山区半山区占总地区面积96.4%,工程桥隧比平均达70%以上,最高竟达92%以上。在昭通修一条路意义非凡。作为一名昭通人,我明白自己肩负着"决战脱贫攻坚,决胜全面小康"的担子,作为一名交通人,我深知自己扛着"抓好昭通交通,助推跨越发展"的责任。面对综合交通现状,我迫切地想为昭通的综合交通发展尽一份绵薄之力。

在迅速掌握全市综合交通工作情况后,我主动融入在建重点项目工作中，G356 大山包一级公路就是当时在建重点项目之一。大山包一级公路是一条"交通+扶贫+旅游+产业"设计思路为一体的公路，全线采用一级公路标准建设；昭璞绿道作为云南省唯一一条户外郊野绿道，以大山包一级公路为依托，是一条集绿色生态、文化体验、休闲游憩、骑行观光、采风问俗为一体的国际一流郊野绿道，它们同步规划设计，同步开展征地拆迁，同步施工建设，该项目建成将对地方发展产生重大意义。

2017 年 3 月市人代会上，昭通市政府向全市人民做出大山包一级公路国庆节前通车的庄严承诺，将其作为当年 10 件惠民实事中的第 1 件。项目如期建成通车，时间紧、任务重，我每隔十天半月就深入工地，精准掌握一级公路建设进度以及绿道推进情况；针对项目建设中的进度慢等问题，督促建设方限时整改；面对工程建安费存在资金缺口、施工意见审批缓慢等困难，及时制定措施，有效推进工程进度。在项目竣工前，又多次前往现场指导工程扫尾、消防应急等工作，认真谋划大山包一级公路通车和绿道开业投运的相关事项。

2017 年 9 月 28 日，大山包一级公路如期建成通车；时隔 1 年，2018 年 9 月 29 日，昭璞绿道也如期建成投运。大山包一级公路作为昭通"十三五"综合交通大会战首战告捷重点项目，兑现了年初市政府做出的承诺，项目仅用 1 年半的建设时间，跑出了"昭通速度"。道路通车和绿道投运，沿线老百姓成了最大的受益者，他们都感叹："做梦都没想到，这么好的路从家门口经过。这下好了，农产品可以往外运了……"因为大山包一级公路高起点规划、高标建设，道路的线形、平整度、舒适度、安全性等都达到高速公路标准，当地群众都称它为"我们自己的大山包高速公路"。一条 55.32 公里的一级公路，解决了沿线村

我的扶贫故事

镇出行难问题,缩小了城乡差距,带动了沿线产业布局,盘活了大山包景区资源,加快了沿线15个贫困乡镇的脱贫出列步伐。一条42公里的绿道,为广大市民及游客等提供了运动、健身的平台,提升了人民生活的获得感、幸福感,增强了中心城市发展活力,成为昭通一张新的靓丽名片。

韩立志(左五)在高速公路工地现场

一条通车路,成为提升群众幸福指数的基石。我在这条通车路上所花的1年零10个月的时间,是非常值得的!它也成为我为昭通用心、用情、用力付出的纽带和平台。

一张综合交通网 一个昭明通达的前景

"十三五"期间,昭通抢抓综合交通发展"黄金期",牢牢把握交通

"先行官"的定位，实施交通先行战略，着力织就一张综合交通网："一环两横四纵六联络"的高速公路网，"二横四纵一枢纽"的铁路网，"一中心四通用八航线"的航空网，"一线四港九码头三转运"的水运网，以综合交通大发展，带动地方脱贫攻坚，最终实现大跨越。

工作中，我常以"功成不必在我，功成必定有我"自勉，要担当作为，多出"功成"之力，不求"功成"之誉，尽可能为昭通综合交通建设添砖加瓦。我积极践行市政府"顶层设计、规划引领、整合资源、科学执行"的理念，有力有序推进工作。用足派出单位交通运输部政策优势、公路院"国家队""智囊团"优势，多次前往部里、院里汇报，为当地交通发展争取支持。促成了宜昭、昭泸、大永等高速公路的开工落地；积极参与沿江高速公路前期工作，多次参与到交通运输部、国家发改委、财政部等部委汇报，力争将其纳入国家高速公路网规划。围绕省际高速接线事宜，10余次前往周边省市对接，完成昭乐、格巧、宜毕等7条高速公路与四川、贵州9个接线点协议签订；结合水富港扩能改建工作，3次前往四川拜访成都铁路局，就内昆铁路与水富港交叉建设等事项进行商谈，最终在统筹推进工作上达成共识。围绕"四好农村路"工作，30余次深入乡镇调研，研究道路规划，抓好建制村和村组公路项目建设进度，抓牢安全生命防护工程，对急弯陡坡、临水临崖等特殊路段进行整治，指导加强农村道路管养工作，开展农村公路建设质量安全抽查，农村公路建设推进有力。积极推荐镇雄县"四好农村路"示范路工作经验和白鹤滩农村客运经验等昭通好典型、好做法。2018年镇雄县凭借农村公路的优异成绩，跻身"四好农村路"全国示范县……

经过全市上下3年多的努力，这张"综合交通网"正在有序铺开，昭通综合立体交通优势逐步显现。规划新建的12条高速公路，已开工建设10条，其中镇毕高速公路于2018年6月建成通车，昭乐、格巧、宜毕3条高速公路拟定于年底通车，沿江、镇七高速公路也将在今年内开工；成贵铁路今年即将建成通车，叙毕铁路建设推进有力，渝昆高铁今年内即将开工；昭通新机场开工在即，新航线正在拓展；水富港扩能改建一期工程已建成投运，二期工程正在筹备中。到"十三五"末，将形成"市和直辖市内2小时交通圈"，并实现2小时衔接昆明、成都、重庆、贵阳等周边省会城市和直辖市的"快速铁路圈"，届时，昭通将打造成滇东北立体综合交通枢纽，实现真正的昭明通达！

一次平凡的挂职，一个无悔的选择，一次真情的付出，一笔宝贵的财富。回首我在昭通奋斗的850多个日日夜夜，基层锻炼使我开拓了思路、磨炼了意志、增长了见识、丰富了经验、提高了能力，受益匪浅！挂职还未结束，我将不忘初心，牢记使命，砥砺前行，继续在乌蒙大地上书写交通扶贫的精彩人生。

援疆一年多，新疆"亲戚"见了我们便说"亚克西"！

林达明

南疆春来绿满枝，杜鹃花开，杜鹃声啼；
走马天山花遍野，千点妆姿，万点妆姿。
民族亲戚又相聚，其乐融融，其乐依依；
汉唐气象今犹在，几首情词，几首情诗？

春早南疆，在三月柔媚的阳光里，感受塔克拉玛干沙漠吹来的轻风拂面，交通运输部公路院公路地质防灾减灾研究团队主任林达明回忆起交通援疆干部人才(兵团)进疆服务一年多以来扶贫工作的点滴细节，不由得感慨万千，听听他们在新疆的故事。

援疆干部人才主要由援疆干部与博士服务团组成，参加新疆生产建设兵团援疆工作的一共4人：来自部公路院的李斌副局长和我、来自部交科院的李霖、来自部规划院的汪守东。我们"民族团结一家亲"

我的扶贫故事

活动在南疆第三师五十一团。组建担负屯垦戍边使命的兵团人口有310万，边境线有2600公里，14个师插花式分布在天山南北。第三师所驻扎的喀什，汉族人口比重为6.3%，维吾尔族人口占92%。三师师域位于塔里木盆地西北部绿洲，北接天山，西连帕米尔高原，南依喀喇昆仑山脉，东靠塔克拉玛干沙漠(世界第二大流动沙漠)，西南部与阿富汗、巴基斯坦、印度等国家接壤。

我们抓住扶贫工作的核心，将其与民族文化氛围和历史传统相结合，在当地客观条件的基础上找优势，扎扎实实绘制出一张扶贫工作的路线图，用实际行动赢得了当地维族兄弟的认可，他们见到援疆干部，会给一个热情的拥抱，然后一边举起大拇指一边喊："亚克西"(维吾尔语，意为"好""优秀""棒")！

落子南疆　抓住扶贫工作的"棋眼"

结合新疆兵团的实际情况，为了更好地协调推进扶贫工作，我们兵团的援疆干部人员组建了临时援疆扶贫工作小组。

小组多次深入讨论并统一思想：在整个新疆大棋局中，南疆问题集中、困难突出，贫困人口多、贫困程度深，脱贫攻坚任务重，是反恐维稳的主战场。在整个新疆"一盘棋"中，南疆是"棋眼"，抓住南疆，就牵住了新疆稳定的"牛鼻子"。

在交通运输部党组的关心和兵团交通人的努力下，交通运输部印发支持兵团向南发展的意见，拟以深度贫困"三区三州"为重点精准施策，把提高南疆脱贫质量放在首位。2018年我们在协助编制《兵团贫困地区交通脱贫攻坚实施方案》过程中重点规划了集中连片特困地区，

> 援疆一年多，新疆"亲戚"见了我们便说"亚克西"！

参与兵团公路建设完成投资约 103 亿元。

锐意创新　发挥专业优势建"平台"

通过行前培训学习，我们时刻牢记在挂职过程要发挥专业优势，言传身教培养人才，锐意创新。让服务单位实现"引进一个专家，带来一个团队，培育起一支本土化人才队伍"的效果。

1 年多来，援疆干部人才组织兵团公路科研所积极申报《基于北斗的兵团交通重点车辆与基础设施精准定位关键技术研究》等 10 余项项目，这些项目主要来自世界银行、国家交通战备办公室等，截至目前，已经获批近 1000 万元，助力兵团交通科技事业发展。

1 年多来，援疆干部人才通过组织公路研究所年轻团队连续加班近 4 个月，撰写《千米级冰川公路泥石流的致灾机制诊断——以天山 G217 独库公路为例》等专著获得了中国科学院姜景山院士和中国工程院王思敬院士的欣赏并作序，相关成果得到国际知名专业期刊 Bulletin of Engineering Geology and the Environment 报道。

1 年多来，援疆干部人才针对我国，尤其兵团交通基础设施建设任务艰巨、优质沥青路面材料缺乏、沥青路面里程长且建养工期短、建设经费有限等难题，通过组织当地研究人员开展材料研发、设计创新与施工革新，形成绿色节能型沥青路面建养成套技术。项目实施期间，获得了"2017 年公路工程科技创新成果"一等奖、"2018 年兵团科学技术进步奖"一等奖，是兵团交通系统历史以来第一次获得"一等奖"。

1 年多来，援疆干部人才根据相关技术和成果在南疆的应用情况，

我的扶贫故事

积极组织本地科研人员向国家发改委申报"新疆兵团公路智能养护技术工程研究中心",并于 2019 年 1 月获批,平台能有效服务着力打造一支扎根当地的"永久牌"人才队伍,是研究所建所以来获得的第一个国家级平台。

林达明(左三)组织开展科研工作,培育本土化人才队伍

精准扶贫 解决地方发展的"瓶颈"

在向各地介绍南疆资源,对接扶贫项目时,我总自豪地对着地图介绍:南疆,千年卧踞在天山和昆仑山之间,扼守着丝绸之路的咽喉。塔里木河是中国最长的内陆河,全长 2179 公里。塔河中游两岸胡杨林浓荫蔽日,形成天然绿色长廊,沃野千里。但是,由于历史和现实的

援疆一年多，新疆"亲戚"见了我们便说"亚克西"！

种种原因，这里的发展相对缓慢。交通运输线的漫长、基础设施配套的薄弱等因素让很多人对南疆望而生畏，也使各地投资者的脚步变得踟蹰不前。

五十一团面临瀚海塔克拉玛干大沙漠，背靠世界屋脊青藏高原和帕米尔高原，是整个兵团重点深度贫困团场。兵团交通运输局按照自治区和兵团党委安排部署，针对当前新疆形势，密切联系群众，融入群众，派驻干部到第三师五十一团十三连、十八连，开展"访民情、惠民生、聚民心"和"民族团结一家亲"工作。

为了把职工的农产品尽快推向市场，援疆小组积极协助局里投入4000多万元对五十一团的道路进行规划建设，利用绿色节能型沥青路面建养成套技术有效打通断头路，避免断头路受沙漠等自然环境影响而无法接入其他交通路线，解决了"路到头、水到头、天然气也到头"的难题。过去泥泞的道路变成了柏油路，如今一辆辆拉运产品的大货车直接开到田间地头，当地的红枣远销北京、广东等多个省市。

在兵团党委和兵团交通局党组关心支持下，五十一团在"十三五"规划期间获得了实打实的支持。重点解决了集中连片特困地区、团场的出口通道，贫困地区硬化路得到有效、及时建设。实现"营连通硬化路"，形成"对外通道畅通高效、垦区内部紧密相连、兵地之间顺畅衔接、运输服务安全便捷"的综合交通运输体系。

结对帮扶　　变成民族兄弟的"亲戚"

"达明，我们再去看看亲戚，怎么样？刚给图地·买买提买了一些

我的扶贫故事

降血压的药,抓紧给他们送过去。"刚过完春节,李斌副局长在开完会后对我说道,截至3月底,今年我们已经去了三次。

我们立即回兵团援疆楼拾掇行李,直奔三师十三连。到了十三连连部,图地·买买提和吾布力·买买提已经等候在连部门口,看到我们来了,远远跑过来热情地拥抱,像往常一样帮我们把行李放到大土炕上。

李斌的结亲亲戚是图地·买买提,今年60多岁了,早些年他是行走在连队的郎中。我的结亲亲戚是吾布力·买买提,今年也60多岁了,有7个子女,近40个孙子孙女。他们都在塔克拉玛干大沙漠边缘的十三连,整个连队是维吾尔族职工聚集连队,人多地少,以棉花、红枣种植为主,结构单一,产量低,贫困发生率高,是兵团深度贫困连队。

林达明(右二)为结亲亲戚排忧解难

今年十三连的棉花与红枣的产量和质量都比较好，得知连队里年轻劳动力相对不足，我们直奔农地，每个人带着一个大布袋，一头扎进棉花地里并排开始摘。6个人在棉花地里奋战了2个小时，图地和吾布力摘得比较多，我们每个人摘了3公斤左右，基本上把布袋装得满满的。

回到图地·买买提家里，他们感叹，现在党的政策更好了，给他们提供了很大帮助，十三连连队职工群众的生活"一月一个样，一年大变样"。

默默扎根　甘当平凡奉献的"白杨"

在大美新疆，行走在连队和团场，行走在边境公路和沙漠公路上，道路两侧总有一排排白杨树，像哨兵似傲然耸立……

"白杨树实在不是平凡的，我赞美白杨树……"李斌在车里不自主地朗诵起茅盾先生的《白杨礼赞》，读着读着，他转过头跟我说："咱们兵团交通人就是这白杨树，你想想，白杨有极强的生命力，磨折不了，压迫不倒，跟咱们交通干部职工、跟咱们援疆干部相似。我赞美白杨树，因为象征了今天我们兵团交通人在向南发展和深化改革中所不可缺的朴质、坚强，以及舍小家顾大家、力求上进的精神；象征了兵团交通人持续把南疆贫困团场、少数民族聚居团场作为脱贫攻坚主战场的坚定信心。"

我生于福建，以前对新疆接触的少。在新疆服务1年多，在兵团交通运输局同事、民族兄弟的影响下，对这片土地的认知从神秘到融入，以自豪的心态变成兵团的一分子，变成民族兄弟的一家子。

我的扶贫故事

早春的野花已经开遍山间，感受着公路的颠簸，吹着塔克拉玛干沙漠的热风，看到援疆干部和兵团交通局同事略显疲惫面容却坚定的目光，我的思绪又飘向远方，飘过天山，穿越汉唐，俯瞰这片千年圣杰经营耕耘的瑰丽土地，心头不禁冒出了几个字——家国情怀。

任职两年，
我充分领悟到什么叫"扶真贫 真扶贫"

姚 羽

"安全高于一切，责任重于泰山！"这是姚羽写在工作笔记里的一句话。2017年8月，交通运输部第八批援藏技术干部姚羽来到西藏，担任西藏自治区交通运输厅安监处（应急办）副处长，连续两届坚守在条件艰苦的雪域高原。

初到西藏，我出现了头痛、胸闷、眩晕、心率快等情况。为尽快适应环境，我坚持不用药物和吸氧对抗高原反应。此外，无法预料的工作压力和困难向我迎面扑来，2017年恰逢西藏交通运输跨越式发展，全年公路建设投资完成额达569亿元，全区交通运输系统安全生产工作任务繁重。

心头沉甸甸的，此刻我才真正领会交通运输部派出专业技术干部援藏的用意之深、担子之重。交通扶贫须"扶真贫、真扶贫"，特别是在复杂的形势和繁重的任务面前，为增强管理决策的针对性、科学性和有效性，务必高度重视调查研究。到任以后，我收集各种数据和资料，力求客观全面地掌握西藏交通运输安全生产现状，对存在的突出问题及根源了然于胸后，便开始用心思考解决问题的策略。这段扎实、深入的调研，为今后卓有成效的安监工作打下了坚实的基础。

姚羽（右二）调研了解西藏交通运输安全生产现状

习近平总书记"治边稳藏"重要战略思想是做好西藏工作的行动纲领，是西藏工作的指南针、路线图。援藏期间，我紧紧围绕确保西藏长足发展和长治久安的工作大局，着力推进西藏交通事业安全发展，充分发挥人才资源优势，真抓实干、成效明显。

通过前期深入细致的调查研究，我认识到西藏交通运输安全生产"事前预防"是工作中的短板之一。风险就是隐患，隐患就是事故。我负责起草的《交通运输厅安委办关于构建安全风险分级管控与隐患排查治理双重预防机制的实施方案》有效实现了安全生产关口前移，切实夯实了安全生产之基。在藏工作期间，我抓准业务痛点，有针对性地制定了一系列行业规范性文件，扎实推进西藏交通运输安全生产制度体系建设。

执行是制度的灵魂，有制度不执行，再好的制度也等于零。企业是安全生产的主体，抓住落实企业主体责任这个关键，就抓住了安全生产工作的"牛鼻子"。在公路院工作的我也算是"安全生产标准化"领域的专家，要充分发挥个人业务专长，在西藏公路工程建设领域深入推进项目安全生产达标创建工作，全面提升西藏交通的本质安全管理水平。

安全生产检查是消除隐患、防止事故发生的重要手段。在藏工作

赴阿里参与安全生产检查

我的扶贫故事

期间，我带队和参加的各类安全生产检查不计其数，足迹几乎遍布西藏的每个角落。光是阿里，这个被称为世界屋脊上的屋脊、生命禁区里的禁区，我就去过7次，呼吸着氧气稀薄的空气，望着满天星斗，一种孤独感会让我更为想家。环境的恶劣，可以克服；对家人的内疚却是一道难以逾越的坎。

在我任职期间，西藏交通系统各领域实现了生产安全事故起数和死亡人数"双零"的史上最好纪录，交出了一份让党和人民满意的成绩单。2018年，我被授予"西藏自治区交通运输厅优秀公务员"荣誉称号。

2年的挂职扶贫经历，我已然把西藏当作自己的第二故乡，把受援单位当成自己的家。在西藏工作期间经历的每一件事，遇到的每一个人，翻过的每一座山，我永远都不会忘记。一次援藏行，一生援藏情。援藏是我平凡生命中一道绚丽的彩虹，愿格桑花开满京藏两地，让我们的情谊永远延续！

帮拉促，三招让"穷亲戚"脱贫摘帽

张铁军

2016年11月，交通运输部天津水运工程科学研究院副院长张铁军到青海工作不久后，青海省交通运输厅第八"双帮"工作组的同事带他到民和县新民乡公巴台村认亲戚。这个贫困村397人基本靠天吃饭，每户以几亩贫瘠的土地为生，其中建档立卡贫困户35户，142人。挂职交通运输厅副厅长的他，要帮扶"亲戚"赵永祥一家在2018年脱贫摘帽。

赵永祥家里是三间有着裂缝的土坯房子，有一间房屋的主梁已经断裂，用一根木柱支撑着。屋里的墙面被多年的灶火熏得乌黑。炕上的被子由于常年不洗沾满脑油变得硬邦邦的，已经看不出原来的颜色。

按照2018年人均3762元的脱贫标准，老赵家必须达到年收入33858元才能符合脱贫的基本条件，可2016年他们家也就只有养了几只羊的微薄收入，老赵同志依然悠哉游哉地赶着几只羊在山沟里漫步，

我的扶贫故事

好像脱贫摘帽的事和他无关,这可把我急坏了。

习近平总书记说,扶贫先扶志。要激发贫困户的内生动力,帮贫不养懒,不能倚着墙角晒太阳,等着干部送小康。我从驻村干部那了解到,过去帮扶小组的几家单位,都会凑个八百一千的钱给他,过一阵子就被他挥霍一空,大家真是恨铁不成钢。2015年底,老赵家被评为贫困户后,政府每个月给他们发低保金,孩子上学也有助学补贴。但这种送钱送物只能助长他的等靠要思想,要脱贫致富关键还是要靠他自己奋斗!

我和驻村第一书记及驻村工作队针对老赵家的实际情况,决定三管齐下,通过"帮、拉、促",让他们家如期达到脱贫目标。

第一招:帮

按照"两不愁三保障"的要求,首先要解决老赵家的住房安全保障问题。2016年底,驻村工作队帮着他向乡政府申请了危房改造补助。2017年开春后动工,不久就在老宅基地上盖好了三间宽敞明亮的砖瓦房,居住条件大大改善。可这也基本花光了老赵家多年的积蓄,厨房的楼板和墙体之间还露着个大缝隙,没有钱买水泥把它弥合上。驻村工作队发动交通运输厅第八帮扶组各单位群策群力,捐助了一些生活物品。村民们也很热心,齐心协力帮助老赵把屋顶修好,并改造了院墙和大门。

我发动我所在的单位——交通运输部天津水运工程科学研究院成立天科爱心助学团,给公巴台和毛拉山两个村子61名学生捐助了10万元,老赵家的两个小孩也被资助了3000元。

帮拉促，三招让"穷亲戚"脱贫摘帽

有一家陕西的爱心企业为我们第八组对口帮扶的公巴台村和毛拉山村提供了六万元的产业帮扶款。我们就商量着每村三万元支持贫困户发展家庭养殖业。老赵家也是重点资助帮扶的对象，他就用这笔钱养殖了 100 只白羽乌鸡和 100 只土鸡，当年就增收了 15000 多元。另外他还扩大养羊规模，保持每年可以卖出三五十只肉羊，每只羊最多可以赚五六百元。

张铁军(后排右四)组织向毛拉山小学捐助善款

第二招：拉

要帮着公巴台村稳定脱贫致富，还得靠发展产业。王延明是公巴台村土生土长的农民企业家，前几年他出去闯荡，积攒些钱开办了个雁鸣绿化公司，为乡镇绿化和工程建设提供树苗。这两年他把工作重心移到了家乡。他说要通过土地流转绿化家乡的荒山，发展绿色观光

我的扶贫故事

旅游农业，吸纳村里的富余劳动力到他的企业去种树挣工资。

我到民和县、海东市、省交通厅、林业厅、水利厅等帮助王延明协调土地流转、引水修路、争取绿化补助等，将王延明的求援信直接递交给分管扶贫工作的省委常委、副省长严金海，促成了严省长对雁鸣公司绿化工作的专门批示。目前王延明在全村流转了土地800多亩，绿化荒山2000余亩，成了海东市国土绿化的典型。而他也安排老赵的女儿女婿到他公司打工，仅去年收入就有两万多元。老赵家在产业脱贫上迈出了坚实的一步。

张铁军(左一)组织慰问贫困户

第三招：促

2018年是公巴台村脱贫摘帽之年。这一年国家发给每个贫困户每人 5400 元的产业帮扶资金到了位，老赵家一下子就拿到了 48600 元。他在驻村工作队的指导下，认真分析自己发展产业的优势和短板，用这笔钱买了一辆三轮平板摩托车，既可以用来收购贩卖十里八村的肉羊，也可以接一些短途乡村运输的活，还可以到建筑工地挣工资，人一天一百，车也是一天一百。光靠这辆三轮车老赵去年就收入了一万多元，加上养鸡养羊和打工收入，2018 年老赵全家总收入 46870.95 元，人均 5207.88 元，远超 3762 元的脱贫标准线。我悬了三年的心终于可以放肚里了，而公巴台村全村贫困户人均收入达 7489 元，完全可以按期脱贫摘帽！

  按照县政府脱贫攻坚的总体安排，2019 年公巴台村将整体搬迁到民和县城去住。老赵家缴纳一万元就可以分到一套 119 平方米的小区楼房。看着崭新的楼房，老赵动情地对我说："要没有国家脱贫攻坚的好政策，没有交通运输厅的帮助，祖祖辈辈当农民的我们怎么会搬到县城成了城里人啊？这真是连做梦也想不到的啊！"

从门外汉到"基本合格"，我实现了小跨越

许 刚

2017年8月，交通运输部天津水运工程科学研究院许刚挂职西藏自治区交通运输厅综合规划处副处长，开始了为期一年的援藏工作。入藏以后，他一直在交通运输厅从事交通环保工作，刚开始对扶贫工作接触不多，后来他逐渐从一个门外汉成长为了一名"基本合格"的扶贫工作者。

2017年12月，西藏自治区开展了七地市脱贫攻坚工作交叉考核，自治区交通运输厅、教育厅、林业厅与山南市组成了自治区脱贫攻坚第三交叉考核组，开始了为期一个月对林芝市六个贫困县和五家区直单位2017年脱贫攻坚成效交叉考核工作。我有幸代表交通运输厅参加了此次考核。考核之前，自治区扶贫办对考核组成员进行了培训，我才知道原来扶贫工作竟然这么复杂，单是和扶贫有关的政策和知识就好几册子，涉及产业脱贫、异地扶贫搬迁、金融贷款、教育、医疗、

从门外汉到"基本合格",我实现了小跨越

生态扶贫、"十项提升"工程(水电路讯网、教科文卫保)等。我跟随考核组跑遍了林芝市的六个贫困县,行程6000多公里。逐渐,我从一个门外汉成长为一名"基本合格"的扶贫工作者。

我在林芝的考核工作还没结束,就接到西藏赴黑龙江省进行扶贫开发工作成效省际交叉考核通知。我没有在冬天去过黑龙江,听说那里泼水成冰,寒冷程度可想而知。2018年1月5日,我从祖国的最西南来到最东北,哈尔滨比想象中更冷,下午考核组进行了休整,买齐了厚衣服厚鞋子,从头到脚武装了一遍。

按照国务院扶贫办考核要求,本次交叉考核共抽取了哈尔滨市木兰县、七台河市勃利县、佳木斯市桦南县、绥化市青冈县、齐齐哈尔市甘南县五个县,其中木兰县和勃利县为省贫县,桦南县、青冈县、甘南县为国贫县。每个县采取听取汇报、座谈访谈、查阅资料、走村

黑龙江省省际扶贫考核期间查阅扶贫材料

我的扶贫故事

入户、踏勘产业等方式进行考核。在考核组全体成员努力下,历时一个月终于按计划完成了本次省际交叉考核工作。

作为一名扶贫工作的新兵,本次省际交叉考核对我触动很大:经过几年的脱贫攻坚工作,贫困村面貌发生了很大的变化。房子新了,院子整洁了,村里的马路宽了,老百姓脸上笑容也多了。

腊月的黑龙江,天气冷得可怕,村里街头巷道仍不时能看到扶贫干部的身影。那些深入一线的扶贫干部,放弃了假期,一直奋斗在脱贫攻坚第一线。只要贫困户有困难,需要帮助,他们就会及时出现,想方设法帮助贫困户解决困难。有些女扶贫干部孩子才3个月,为了工作把孩子的奶断了;有些扶贫干部得了大病,在病房里只要贫困户来电话就接;有些扶贫干部结婚才3天就返回工作岗位。他们唯恐扶贫工作做得不到位。他们的敬业精神值得我们学习。正如考核组长们所说的,黑龙江省在本身并不富裕的情况下多年对口支援西藏,两地有着无比深厚的友谊。通过这次考核,我们会把黑龙江省好的经验和做法带回去,让它们在西藏落地生根。

考核组许多组员从西藏跨越几千公里来到黑龙江,习惯了高海拔生活,刚到这里不适应。但大家深知考核工作的艰巨性,冒着零下二三十摄氏度的严寒,走村入户,座谈访谈,真评实考。高强度的工作下有些考核队员感冒发烧了,为了按计划完成当天的考核任务,仍然坚守工作岗位。白天下乡入户一整天,走访贫困户磨得嘴皮子又干又疼;晚上回到宾馆抓紧整理当天的资料,开碰头会,做到当天事当天了,今天的事绝不留到明天,夜晚12点之前基本没有睡过。我负责整个考核组每天的工作日志记录,把考核组当天的考核情况做好统计写到日志里。日志里记录了考核组所有成员每天辛勤工作的成果,字里

从门外汉到"基本合格",我实现了小跨越

行间也真实记录了每位队员走乡串巷的足迹。考核结束后,大家都纷纷复制一份留存作为纪念。

西藏的"四好农村路"

作为一名只有1年援藏时间的援藏干部,没想到会有这么一个机会参与到具体的扶贫工作中,让自己学到了很多以前完全没有接触过的知识,深刻认识到了扶贫工作的重要性和紧迫性。此次考核,西藏自治区向国务院扶贫办上交了一份满意的答卷。自治区扶贫办向交通运输厅发来表扬信,对我在黑龙江期间的考核工作给予了充分肯定,认为我展现出了交通援藏干部良好的素质和风采。

1年援藏,终身援藏。援藏是一种缘分,更是一份责任;是一次历练,更是一生的财富。1年的援藏经历,就如一朵盛开的格桑花,镌刻在我记忆的深处,让我心灵净化、受益终身,人生因援藏而精彩。

我在藏区的青春味道

金辉虎

时光荏苒，岁月匆匆。不知不觉，交通运输部天津水运工程科学研究院(以下简称"天科院")工程师金辉虎在西藏自治区交通运输厅正式挂职综合规划处副处长已有9个月的时间。虽然从2009年第一次进藏，他每年都会因工作关系在西藏出差一到三个月，但是这次援藏要离开亲人一年，尤其是离开最需要陪伴不到五岁的小孩，金辉虎心里也是万般不舍。在家人的理解和支持下，在天科院干部职工殷切期望中，金辉虎选择以挂职的形式再次入藏，以自己的专业优势服务西藏交通事业。

工作平凡，收获不凡

2018年8月，我来到西藏。进入新的工作岗位，我把援藏当作提升自己的机会，始终保持对工作的责任感和使命感，到西藏自治区交通运输厅综合规划处后,我利用专业优势主要分管项目环保、水保等前期工作及厅办转办的环保、水保相关办件,另外,协助处理环保督查相关办件。中央环保督察整改工作是一项政治任务,自治区党委、政府非常重视。交通运输厅涉及整改的内容共7大项18小项,整改任务重、时间紧。凭着前期充分的准备工作,目前已有7小项按时进行了销号,其他需要长期坚持的整改任务正在有序开展。我的工作也得到了厅领导的高度认可。同时,我积极协调区环境保护厅、区林业厅等相关部门,推进天科院项目前期环保、水保工作顺利开展等。利用休息时间,我与"援友"们主动探望当地贫困家庭,了解他们的诉求,尽我所能帮助他们过上更好的生活;此外,我们还积极给当地群众进行政策解读科普,将党的声音传到百姓生活中,帮助他们了解当前扶贫的好政策。

向当地贫困户宣讲扶贫政策

岗位虽然平凡，但作为技术援藏人员，我的专业在单位还是很重要的，同时工作的心态也要保持好，与领导、同事之间的交流也是建立在平等友善的原则上，更好地融入了当地的工作和生活，为后期援藏人员做好表率。

"孤独"的幸福

藏区生活好比一首歌，是好好享受还是视为"噪声厌恶"，全靠自己体会。原来习惯了在熟悉的环境里与同事和家人相处生活，来到藏区一下变得陌生沉默。夜晚走在布达拉宫前广场上，看到熙熙攘攘的游客与布达拉宫合影，心情难免一下孤独起来。想着远在故乡的妻儿，晚上有时辗转难眠，周末有时也会找几个朋友"借酒消愁"。

但是作为分布在交通运输厅各个直属单位的援藏干部，我们经常在一起交流，互相勉励，也告诫自己：作为援藏干部，要严守政治纪律、工作纪律和生活纪律，严格按照组织部的要求开展各项工作，尊重藏族的民族传统。

时间是副良药，想想我们只是短时间离开家庭，离开熟悉的环境，而许多在藏区工作的干部家在内地，他们长期独身一人工作在藏区。与他们相比，我们是幸福的。工作是消除孤独感的"利器"，因此，我在上班时间努力想事，努力做事，业余时间看看电视，和"援友"们一起聊聊天，渐渐地，我开始享受援藏生活。

感恩相遇

援藏是一种缘分,更是一份责任;是一次历练,更是一生的财富。感谢相遇,让时光多了一份感动;感谢相知,让生活多了一份温暖;感谢经历,让流年多了一份生动!

扶贫考核期间与当地小朋友合影

我很庆幸自己加入了援藏的队伍,作为交通运输部援派的一员来到藏区工作,我自豪为藏区发展作出了自己的贡献,我无悔在藏区度过的青春岁月。

如果被问到离藏时想带走什么?我想要带走一份"味道",一份能够让我回味半生的青春味道……

生态学博士投身交通，
我与青海有个约定

黄 伟

参加工作之前，黄伟博士一直觉得青藏高原是研究生态学的绝佳圣地，但是对他太过遥远，可望不可即。那时的黄伟怎么也想不到，有一天，他会跨界到交通领域，而且挂职青海省交通科学研究院副院长。

"找工作要学以致用，我辈虽不能完全做到'为天地立心，为生民立命，为往圣继绝学，为万世开太平'，但至少要'有所作为'"。秉承这一理念，黄伟进入了交通运输部天津水运工程科学研究院(以下简称"天科院")工作，主要研究交通领域生态环境保护方向。更让他欣喜的是，天科院在青藏高原有很多公路项目，"得找一个专业的人，去全国生态最敏感和脆弱的地方，做好交通生态环保工作"。于是黄伟与高原的约定，悄然而至。

从开始的国道 109、214、315、317、318、219，到后面的共玉

高速、花久高速、林拉高速、德香高速、扎倒高速、共茶高速等，我用将近十年的时间，通过自己的脚步丈量这些坐落在青藏高原的主干道，足迹几乎覆盖青藏高原所有偏远的县城。

直到2017年3月的一天，充实平淡的日子突然泛起了涟漪。青海省交通运输厅副厅长张铁军（天科院副院长，2016年7月受中组部委派到青海省交通运输厅挂职的援青干部）对我说："小黄，能不能来青海挂职一段时间，指导一下青海省交通行业的生态环境保护工作？"当时，我迟疑了一下，回答说我得和家人商量一下。从工作角度来说，这是一个很好的契机，原来我只是在单个项目层面参与一些行业环保工作，而挂职则可以从全省的层面，系统推动行业生态环保工作。但是从家庭角度来说，则有点两难。2017年1月我家"小公主"刚出生，老大当时也只有4岁多，两个小家伙都是需要人照看的时候；而我爱人也要全职上班。如果我去青海挂职的话，家庭的压力太大了！这个抉择很艰难。

2017年4月，我再一次去青海果洛达日出差。看着与周边自然环境和谐共存，犹如在高原上"长出来"的共玉高速和花久高速，我不禁回忆起六年前自己在这两个项目环境保护设计时的点点滴滴。青海是黄河、长江和澜沧江的源头，是"中华水塔"，在生态环境如此重要且脆弱的地区修建高速公路，在国内尚属首次。为了做好这两条高速公路的生态环境保护设计工作，我们整个团队都付出了艰辛的努力。但是这一切都是值得的，现在这两条公路如巨龙一般蜿蜒盘亘在高原大地，连接着沿线县乡，结束了青南高原不通高速的历史，使沿线城市乡镇在城市建设、经济社会和民生等方面都发生了翻天覆地的变化，充分发挥了交通的"先行官"作用。

我的扶贫故事

回想起习近平总书记在青海视察时强调的"青海最大的价值在生态、最大的责任在生态、最大的潜力也在生态，必须把生态文明建设放在突出位置来抓，尊重自然、顺应自然、保护自然，筑牢国家生态安全屏障，实现经济效益、社会效益、生态效益相统一"，我的心一下子就被打开了。青海交通运输行业如何落实习近平总书记的指示，做好交通强国青海新篇章生态环境保护工作，这不正是我一直想做，并且擅长做的吗？在爱人的支持下，我的援青里程正式开启。

黄伟(右二)现场学习调研青海交通

援青的工作很充实。挂职初期，我开始疯狂补课，补课的内容很多：交通科技创新、交通精准扶贫、交通运输信息化、公路工程质量等。通过近一年的学习和调研，我对青海交通的优良传统、快速发展以及存在的问题有了初步了解，同时也越来越意识到时间的紧迫，要

生态学博士投身交通，我与青海有个约定

在短时间内妥善解决由来已久的行业生态环保问题非常困难。这时，厅领导找我谈话，说省厅已经和我单位进行了沟通，希望我能在厅里再坚持一年，进一步巩固全省交通行业的生态环保成果。面对省厅的建议，我再一次犹豫了。

这一次我很快就下定了决心，我给爱人打了一个电话。在电话中我和她讲了很多在青海的经历：在玉树等高海拔地区公路建设者们面临的各种严酷考验，贫困村的学生在收到天科院捐款捐物后脸上灿烂的笑容，无人区戈壁滩上养路工默默无闻的坚守，我在青海工作期间的收获和得到的关怀等。她静静地听完后，说了一句："你以前也经常和我说你在青海工作的事情，但是这次和我讲得这么仔细，是不是有什么事情要我参谋？"我回答说省厅这边希望我再延一年。她沉默了一会，问我怎么想，我说我想试一下，因为有很多事情还没有做完。我爱人再次沉默了一会，说："既然你想去把事情做好，那就去做吧。家

黄伟在雪山1号隧道

我的扶贫故事

里你不用担心，老大马上就要上小学了，老二也可以自己走了，都不用像以前那么操心了。"听完爱人的话，我既高兴又愧疚，援青路上不仅有我的努力付出，更有家人的无私支持。

得知我援青延期后，很多朋友和同事都纷纷打来电话，劝我不要再延了，原因很简单："你家里俩娃，且已经挂职一年了。"对此，我总是说："没办法，我已经算半个青海人了"。虽然是句玩笑话，但也道出了我的心声。

当你了解慕生忠将军率领 10 万军民，用时 7 个月零 4 天就将青藏公路格尔木至拉萨段全线打通的事迹后，尤其是对当时筑路人发扬的"一不怕苦、二不怕死，顽强拼搏、甘当路石，军民一家、民族团结"的"两路"精神有所理解后，你也许就会看淡功与名。当你看到在海拔 4000 米以上、在荒漠无人区常年驻守的养路工沧桑的脸庞和坚毅的眼神后，你也许就会看淡得与失。走在这一代又一代交通人以热血、汗水、青春铸就的高原天路上，感受着他们"特别能吃苦，特别能战斗，特别能忍耐，特别能团结，特别能奉献"的青藏高原精神，以新交通人的身份，在高原上践行习近平总书记生态文明思想和交通强国理念，在青海交通运输的现代化建设中当一颗路石，这就是我的梦想。

青春无悔，追梦高原！

一年九寨行，一生九寨情

张 赫

作为第18批博士服务团成员，2018年1月5日，大连海事大学副教授张赫接受中组部、团中央、交通运输部的委派，来到四川九寨沟县挂职任县委常委、副县长。1年的时间里，他充分利用自己的交通运输规划与管理专业优势，积极为当地绿色重建作贡献。

"1年挂职锻炼，开阔了思维视野，增长了见识才干，收获了宝贵情谊，感受到了基层工作的艰巨性和重要性，对提高工作能力、改进工作方法和思维方式有重要的推动作用。"谈起自己的挂职经历，张赫这样说道。

2017年8月8日，一场突如其来的7.0级地震，使九寨沟县经历了一次严峻的考验。刚到九寨，我进入地震中受灾比较严重的九寨沟景区进行现场调研。地震后的九寨沟景区满目疮痍，山体塌方、路基垮塌、道路开裂、步栈道损毁等比比皆是。为了做好协管九寨沟县交通领域灾后重建项目，我深入重建一线，强化工程质量监管、安全监管，按照实事求是的原则妥善处理项目调整等问题，有力推进了项目落实，保证了重建规划实施效果。

张赫（左二）在地震受灾严重的九寨沟现场调研

在灾后重建工作中，我发现九寨沟县急需建设喇嘛岭隧道及野猪关隧道，这两条隧道是整个阿坝州旅游大环线的重要组成部分。我积极和交通运输部相关部门对接汇报，使这两条隧道成为交通运输部"十四五"储备项目，总投资约18亿元，有力助推了灾后恢复重建和脱贫攻坚工作。

此外，我充分利用大连海事大学在教学及科研方面的优势，积极推进九寨沟县与大连海事大学在人才培训、人才引进、大学生教学实践基地、柔性挂职等方面开展县校合作。

1年来，我结合所联系乡镇的实际情况，为群众脱贫出点子想办法，结合白河乡的产业布局，提出了"一带一核一园"的总体布局，并负责编写了《白河乡总体规划》及《乡村振兴战略之白河乡"幽谷美地"现代农业产业园（试点）规划》，按照2018年标准，所有贫困户都能实现脱贫。同时，我还根据工作中遇到的问题，在深入调研基础上，结合九寨沟的实际撰写了《九寨沟智慧交通与旅游融合研究》的调研报告。

习总书记强调，"扶贫要同扶志紧密结合""要真扶贫、扶真贫"。挂职1年来，我一直把总书记这句话铭记在心，紧紧围绕全县"脱贫攻坚年"决策部署，紧盯2018年"县摘帽"目标，积极参与脱贫攻坚相关工作。

挂职期间，我联系白河乡太平村、芝麻村、南岸家村，共有建

进村入户走访所有贫困户，了解群众困难

我的扶贫故事

档立卡贫困户73户263人，2018年一共脱贫5户14人。为完成脱贫攻坚任务，我常进村入户，遍访所有贫困户，了解群众困难。太平三组的贫困户岳德海大爷和他的孙子岳军相依为命，在生活中常和邻居发生冲突。我了解实际情况后，组织乡村两级干部开了座谈会，经过努力协调，鼓励大家互相理解，相处变得融洽了起来。经过1年的挂职扶贫工作，我渐渐获得了老百姓的信任和县、乡、村各级干部的认可。

2018年，九寨沟县遭遇了百年一遇的特大山洪泥石流。县里第一时间就成立了以县委书记、县长为总指挥的抗洪抢险指挥部，我被任命为白河乡抗洪片区副指挥长，协助指导白河乡抗洪抢险。

在此后的1个半月里，我协助安全转移受灾群众、协调抗洪抢险机械进行道路抢通、疏通河道等工作，与受灾群众吃住在一起，共同度过了抗洪抢险最艰难的日子。在抗洪抢险的日日夜夜里，我深刻感受到基层干部敬业与吃苦耐劳的精神。

2019年初，我挂职结束，回到大连海事大学。一年九寨行，一生九寨情。我将把挂职锻炼的收获带到今后的工作中，努力把挂职锻炼所学、所思、所悟运用到教学实践中去，不忘初心，砥砺前行。

"财神居住的地方"是国贫县?
这事儿说不过去!

李连升

壤塘县位于青藏高原东南边缘,大渡河上游,四川省阿坝藏族羌族自治州西部。2017年9月7日,交通运输部管理干部学院培训科研处副处长李连升来到这里挂职,任县委副书记,协助分管扶贫工作,分管交通建设和旅游发展工作。他在壤塘有哪些故事?一起来看看。

"财神居住的地方"却是国贫县

壤塘,是壤巴拉塘的简称,藏语意为"财神居住的地方"。这里群山延绵起伏、河流沟谷纵横,有国家级的南莫且湿地和则曲河流域水利风景区,有神奇秀美的香拉东吉圣山和星罗棋布的高原海子等,山山水水浑然天成、绚丽多彩。这里文化底蕴深厚,先后被评为"中国民间艺术之乡""中国藏族民间文化保护传承基地"。

我的扶贫故事

但是，这里同样被贫困深深制约：经济发展滞后，2018年底全县地区生产总值仅9.4亿元，人均地区生产总值20889元，较全国平均低46753元；地方病严重，约60%的农牧民患有大骨节、结核和包虫等地方病，因病丧失劳动力和生活不能自理的群众较多，因病致贫占比高达17.2%；脱贫攻坚任务艰巨，全县共有44个贫困村，占行政村总数的73.3%；贫困人口10104人，占农村人口的26.6%。作为扶贫干部，我深知这份沉甸甸的责任，必须全力以赴，迎难而上。

交通先行 多角度发力脱贫

"要想富，先修路！"在壤塘，我首先从交通扶贫工作入手，紧紧围绕交通脱贫攻坚目标任务，积极推进各项工作。首先，我与当地同事们充分调研了全县交通建设和物流客运发展情况，系统梳理了全县内联外通、多种交通基础设施协调发展等内容。在掌握了基本情况后，编制形成了2018—2020交通定点扶贫3年项目库和2021—2025交通建设5年项目库，明确交通建设工作思路。同时，我担任G227友谊桥(川青界)至黑桥段工程项目领导小组组长，深入交通工程建设一线。此外，完成交通定点扶贫项目7个，开工项目16个，累计投资3.2亿元。交通的改善为全县脱贫摘帽奠定了坚实的基础。在G227明达棚洞段、红叶山庄段等道路发生山体滑坡、路基塌陷等紧急情况时，我担任抢险救灾指挥部的指挥长，及时消除隐患，保障县内道路畅通。其间，我与同事共同积极开展"四好农村路"建设工作，积极推动示范县创建。

壤塘有着自己特有的贫困特点，我意识到仅仅依靠交通扶贫远远不够,必须着眼大局,多角度突破,带动群众脱贫。我集中深入各乡寨,了解基层动态,听取各方意见,对县内整体脱贫攻坚情况开展调研,帮助群众解决实际困难。

调研期间,我了解到县里农牧产品销路不畅,便积极对接中国交通报社扶贫电商平台,联系全国供销总社和阿里巴巴电商平台,打开销售渠道,带动当地群众增收。

由于历史、自然等多方面原因,壤塘教育发展水平较低,教育经费投入不足,我努力联系北京、广东慈善组织筹措助学金55万元,书包、文具1200套,图书读本7000本,将爱心送到贫困家庭中去,送至学校教室中去。

向当地学校捐赠文具

壤塘约60%的农牧民患有大骨节、结核和包虫等地方病,因病丧

我的扶贫故事

失劳动力和生活不能自理群众较多,并饱受医疗卫生条件和医疗技术制约。我与同事们开展健康扶贫工作,由我担任"同心共铸中国心"医疗公益活动领导小组组长,通过顶梁柱健康扶贫项目支持,探索解决贫困农户主要劳动力的住院目录外费用理赔问题。

此外,积极探索旅游扶贫,与川渝37家知名旅行社分别签订合作协议,共同推介壤塘的文化旅游。

让这里真正成为"财神居住的地方"

经过不懈努力,2018年末,壤塘已经顺利完成了38个贫困村退出、1788户8497人贫困人口脱贫的阶段任务,贫困发生率下降到4.4%。2011年,是壤塘县脱贫攻坚整县摘帽的决战决胜之年。壤塘县将编制出台《脱贫攻坚项目执行方案》等制度,统筹抓好各领域扶贫行动,全力完成6个贫困村退出345户1713人脱贫,实现整县脱贫"摘帽"。

如今,壤塘共建成国道2条172公里、省道2条99公里、县道1条34公里、乡道40公里、村道357公里、专用公路22公里、水泥桥梁22座,提前实现了100%乡镇和建制村通硬化路目标。交通条件的改善,为壤塘全县脱贫提供了有力的保障,为农牧民群众致富开创了全新的路径。

平均海拔3000米以上的一条条公路,是壤塘社会经济发展的生命线,是人民的幸福路。2009年,从壤塘到成都要用3天3夜的车程。也就是从2009年开始,交通运输部开始定点帮扶壤塘县,10年之后的今天,从壤塘到成都只需要8小时车程。

"财神居住的地方"是国贫县？这事儿说不过去！

李连升（右二）在明达村看望贫困户

交通建设的快速发展，筑牢了农牧民脱贫致富的"根基"，有力推动了脱贫攻坚进程和地方经济社会发展，为县域经济建设提供了强有力的交通支撑。壤塘迎来发展新气象。

近两年来，看着眼前的壤塘一点点的变化，我深感经历过的一切都是值得的。挂职扶贫的经历不仅使我开阔了视野，提高了工作能力，也从内心深处对打赢脱贫攻坚战充满了信心，让生态的壤塘、多彩的壤塘、文化的壤塘走出去，自信地说："我们是财神居住的地方！"

我一直在心里问自己：
能为云南做些什么，要怎么做？

刘 建

他是高级工程师、中国交通通信信息中心副主任、交通运输通信导航和信息化领域的专家、交通运输行业中青年科技创新领军人才、全国五一劳动奖章获得者……刘建的身上有许多"光环"，但是从中国交通通信信息中心副主任到云南省交通运输厅挂职任副厅长，他一直在心里问自己，能为云南做些什么？要怎么做？怎样才能更快地融入工作……今天，我们来听听他是怎么做的。

"门槛"内外的参与者

按照云南省交通运输厅的安排，我分管全厅信息化工作。初来乍到，对当地情况并不是很熟悉，感到肩上的担子很重。不添乱、多学习、做好本职工作是最重要的。

我一直在心里问自己：能为云南做些什么，要怎么做？

对于从科研单位领导到省厅挂职的角色转换，我总结出了一个"门槛理论"：原先的工作内容与各省厅部门联系很多，总是站在门槛外一米处朝里面看，觉得自己很了解行政部门的运作；到新岗位以后，作为挂职干部也许是站在门槛内一米处朝外看。别看这门槛里外的短短距离，让我深深感到"绝知此事要躬行"，于是我总是在工作中要求自己多站在"两个一米处"看问题，争取把工作做得更细致、更实在。要做参与者，不做"旁观者"。

我是周日晚上到达云南的，周一一早就上班，明确工作分工后迅速进入角色，参与了厅领导班子成员参加的各种会议讨论。奇怪的是，我感觉自己好像之前就在云南工作过一样，很快就与大家"无缝衔接"了。到岗的第一天，我就基本过了"语言关"，很快地把自己"摆进去"。

"如何全方位地融入工作？"我常常这样问自己，要真正融入当地，必须放下身段，学习许多以前不了解的东西，拓宽视野才能提高能力。作为交通运输部的挂职干部，部党组的勉励我时时铭记在心中，"努力做好中央精神的宣传队、地方发展的智囊团、省部协作的联络员、脱贫攻坚的工作队、实现小康的播种机。"所以我从不放过任何下基层的机会，挂职工作首先要做的，就是"摸透""摸清"当地的具体情况，边学边做，摸清情况再着手。

几个月的时间里，我先后走访了云南的好几个州市，开展了昭通、普洱、版纳3个州市以及厅属单位的调研工作，在调研中以座谈和实地走访相结合的方式，真正走入基层发现问题，积极响应省委省政府关于"三张牌"和县域高速"能通全通"的重大部署，认认真真深入一线进行督导，前往重点工程现场进行交流了解情况，帮助一线同志解决难题。

我的扶贫故事

刘建(左二)在普洱调研

做好信息化工作的"推介手"

我利用自己多年来积累的专业理论功底与专业技术能力,在充分调研和交流的基础上,心中大致勾勒出了云南交通信息化工作的轮廓。找准了方向,知道云南交通缺什么,就能与我已有的知识网络形成对接。

在信息化工作的对接上,我利用自己在全国交通运输行业的资源来给云南"会诊",谋划云南省交通运输信息化工作,为云南交通发展建言献策。一系列有针对性的意见、建议开阔了大家的思路,也对云南交通信息化发展起到了推动作用。我邀请行业知名专家论证咨询了"云南省综合交通运输运行协调和应急指挥系统(TOCC)",为建设全国领先的 TOCC 奠定了坚实基础。此外,还主导编制了"云南省数字

> 我一直在心里问自己：能为云南做些什么，要怎么做？

交通实施方案""云南省物流公共信息平台工程项目建议书"等。利用开专家咨询会等机会积极协调交通运输部相关部门，为云南省争取项目支持。在我们的多方努力和奔走下，交通运输部初步明确将支持TOCC、跨境运输口岸信息化、交通旅游大数据、军民融合北斗示范城等项目，还明确将2019年度以数字化监管为主题的"全国交通运输厅局长培训班"调整到云南省召开。

发挥"头雁效应"做实事

除了稳扎稳打、逐步开展信息化工作对接，我还聚集了更多力量，积极开展引智对接工作。同时，广泛走访交流，为派出单位相关的国家工程实验室找合作对象，争取在云南落地分实验室。

2019年是交通扶贫任务的兜底年，乡镇建制村通客车等扶贫任务要求100%完成。传统人工抽查的方法无法完成对云南20多万公里农村公路的核查，在云南省交通运输厅民主生活会上，针对巡视组指出的问题以及自身查找出的问题，我做出承诺：作为领导干部，我将发挥"头雁效应"，当好责任人，种好责任田；按照交通运输部提升"督查抓落实信息化水平"的要求，作为分管信息化的领导，不断提升信息化水平，利用信息化的手段，减少现场督查，实现远程监督，服务中央扶贫战略，面向云南省老少偏穷地区做好服务民生工作。

我所承诺的利用信息化手段实现远程监督，就是利用遥感影像较短时间真实获取农村公路基础数据库信息，为行业管理部门准确掌握农村公路情况提供客观真实的依据。在我的协调下，4月，我们邀请到部通信信息中心的博士生们来到云南，对丽江市永胜县、怒江州兰

我的扶贫故事

刘建(右七)调研糯扎渡公路管理所

坪县、迪庆州维西县等 14 个交通扶贫项目建设情况进行实地调研。调集云南省高分遥感影像，全面开展建设项目遥感核查，逐一判明符合(已完工、在建)、存疑(减小建设里程、降低建设标准、失真)、不符合(未开工)、未上报(无电子地图)等情况，力争做到全面摸底、精准查疑、强化督查、提高效率，把未按计划开工、建设进度滞后、项目资金申报及使用不实、数据上报不准确、地方变更资金用途等问题深挖出来。把关系到脱贫攻坚任务如期完成的关键问题精准识别出来，精准推动整改落实。

在云南的日子，我种下了无法解开的、浓浓的云南情结。尽管平日里工作繁忙辛苦，我时刻提醒着自己，来这里工作的时间很短，我要在这有限的时间里，多为云南人民做实事！虽然偶有辛劳疲惫，虽然因无法陪伴家人经常心怀愧疚，但我无怨无悔，因为我心中一直有一个信念——多为云南人民做实事。

从技术支持到挂职西藏，缺氧不缺斗志

张庆强

为支援西藏交通运输事业发展，建设人民满意交通，交通运输部每年都会派驻干部到西藏交通运输管理部门交流支持。2017年4月，中国交通通信信息中心派出了运输信息化部门的骨干张庆强，为西藏自治区交通运输提供技术支持。他在西藏都做了些什么？一起来看。

缺氧不缺斗志

虽然我只是一名普通的技术支持人员，但我依然按照一名援藏干部的要求严格要求自己，积极加入到西藏交通运输信息化建设中。初上高原，和很多人一样，我产生了严重的高原反应，但为了让更多更好的信息技术手段应用于行业管理与服务，我忍着身体的不适，立即投入到了紧张的工作当中：协助区运管部门开展"区重点营运车辆联网联控动态监管系统"建设等工作；和区局的同事们对数据进行分析研判、讨论解决方案；编制了一系列文件、通知、规范等；在全区开展车辆数据核查，指导各市运管局开展相关工作，清理全区"两客一危"僵尸车辆。2017年7月，我和区运管局的同事一起到那曲市运管局调研，我们早上9点从拉萨坐车出发，下午14点到那曲后就投入到紧张的工作中。那曲平均海拔4500米，氧气含量低，刚有所缓解的高原反应再次发生了，后脑勺疼，话讲多了呼吸困难、心率加快，就希望能躺着睡一觉，但想到工作还没有完成，存在的难点还没有梳理完成，我又振奋起精神，和区局的同事一起完成相关的工作，帮助解决"两客一危"车辆管理及企业运营中的难点。

最艰难的进藏初期的不适很快过去了，经过大家共同努力，"区重点营运车辆联网联控动态监管系统"管理服务水平不断提升，使现代化技术手段服务交通运输的发展迈出了更加坚实的一步。

选择援藏，我无怨无悔

适应了西藏的工作环境、业务流程后，参照内地交通运输信息化发展的经验，我利用自己多年来累积的专业技术能力，从交通运输行业全局的视野来考虑和谋划工作，找准努力的方向。起初，我本打算做技术支持，工作一年后就赶紧回北京，但随着工作的深入，我发现自己越来越喜欢在这里的工作，希望能够为西藏人民提供更好的服务，于是我积极响应组织号召，毅然加入了交通运输部第八批技术援藏队伍，从一名普通技术支持人员，变为一名真正的援藏干部。

来到新的岗位，我始终将"珍惜机遇、勇挑重担、不负使命"牢记在心，在扎实工作中体现人生价值。援藏，让我能够发挥技术专业特

从技术支持到挂职西藏，缺氧不缺斗志

分析研判数据，思考解决方案

长，为西藏交通运输事业信息化发展贡献我的绵薄之力，利用信息化的手段为交通"脱贫攻坚"添砖加瓦。这期间，我母亲被查出癌症晚期，家人也希望我早日回到北京，但想到我手中还没完成的工作，看到因为我和团队的共同努力，西藏道路运输重特大事故大幅度下降，人民出行服务更加畅通贴心，为了了却母亲期望我能做点有意义的事的心愿，我选择了继续留守，对此，我无怨无悔。

在西藏成就自我价值

在路网中心这个新的工作岗位上，我很快融入这里，了解和掌握相关系统建设的最新进展、存在的困难及需要解决的问题，协助中心主任将信息化方面的工作抓了起来。

我的扶贫故事

2018年9月19日上午,"西部地区道路运输应急保障演练"在厅交通运行指挥中心里进行,模拟西藏地区发生自然灾害,造成救灾物资严重缺乏,急需周边6省市组织大量救灾物资运往灾区的情景。从接到任务的第一天,我和同事们就进入了备战状态,在指挥大厅每天对所有信息系统及设备进行检修,24小时值班值守,保障各信息系统正常运行,为应急演练提供了强有力的技术支持和服务保障。这期间我和同事们还一起编制了《西藏自治区交通运输行业信息化发展情况报告》,被区党委网信办评为2018年度全区网信系统优秀调研成果。

保障各信息系统正常运行,为应急演练提供技术支持和服务保障

我是西藏交通人

两年的援藏时间快到了,经过大家的共同努力,几个信息化项目

已经完成前期准备工作，我也完全地融入了西藏交通工作和生活中。在这两年时间里，我与交通运输系统的干部职工奋战在一起，也和各族群众结下了深厚的友谊，交通运输厅及路网中心的领导和干部职工更是给了我极大的关心和支持，比如给我们配置取暖器、加湿器；冬天里氧气含量比平常更低，每年春节前后都需要单位领导24小时带班，路网中心领导班子成员少，却体谅我，每年都会安排我在这个时间段休假等，这些事情让我常怀一颗感恩的心去面对援藏生活中的种种困难，也让我对这里产生了割舍不下的情感。

援藏是一种责任，更是一份使命，既然来到了西藏，我就是西藏人；既然来到西藏交通运输厅，我就是西藏交通人，秉承和传扬"两路"精神，脚踏实地地干好每项工作，能在有限的援藏时间内协助西藏落实一些信息化项目，能为西藏交通运输信息化贡献我自己的一份力量，我觉得一切都值了！

"难蜀道"变身"致富路"
藏区脱贫攻坚有我一份力

张 巍

2017年9月,根据组织安排,时任交通运输部职业资格中心道路运输职业资格处副处长(现任中心办公室副主任)的张巍,到四川省阿坝藏族羌族自治州交通运输局挂职,成为交通运输部驻四川藏区定点扶贫联络组的一员。阿坝州有秀美的自然风光、迷人的藏羌风情,同时这里也是交通建设的工地、脱贫攻坚的战场。今天,我们来一起听听张巍讲述他的扶贫故事。

初到阿坝,先过"两道关"

初到阿坝,几乎每一个在这里挂职,特别是从事交通工作的干部都会告诉我,在阿坝州工作,先要过两道"关"。第一道关便是"高原反应关"。阿坝州地处高原藏区,海拔在2500—4100米不等，平均海拔在 3000 米以上，特别是西北部的几个县，平均海拔在 4000 米以上，这里也是交通定点扶贫工作的重点地区。高原反应经常使人昏昏沉沉，又难以入睡。通过一段时间的调整，我逐渐适应了高海拔高寒的环境。同时学习当地干部"缺氧气不缺精神、海拔高斗志更高"的作风，多次主动到壤塘、色达等高海拔县，调研督导工作。

过了"高原反应关"，还有"出行关"在等着我。阿坝州是"一个省的面积，一个县的人口"，地广人稀，同时大部分地区为高山峡谷地形，公路等级低、交通不便、出行时间长。在交通运输局工作，经常要到县、乡、村调研，到工地检查，需要长时间坐车出行。白天出行、调研、检查，晚上熬夜甚至通宵写材料、改文件也是家常便饭。由于

张巍（左三）召开交通运输部部驻藏区扶贫联络组巡查例会

我的扶贫故事

特殊的地质和气候条件，路上也不时遇到落石、暗冰、山体滑坡等灾害。最长的一次曾经一天出行 700 余公里，历时 11 个小时；也曾经连续 4 天行程 2000 多公里，到几个定点扶贫县督导工作。为了解藏区脱贫攻坚和交通建设情况，我多次到交通项目工地、高半山农村、高原牧区、贫困农户家中等处调研，挂职的头一年，就跑遍了阿坝州 13 个县，几个定点扶贫县更是去了 10 多次。

读"万卷书"，搞定"头号工程"

我在阿坝州交通运输局任党组成员、副局长，主要负责交通定点扶贫工作以及项目质量督导，参与交通项目规划和前期工作，"四好农村路"建设和"交通+旅游"融合发展等工作。我紧紧围绕交通脱贫攻坚目标任务，积极推进各项工作。

交通运输部对藏区 4 县开展定点扶贫工作已近 10 年，为统筹规划脱贫攻坚决胜期项目建设，进一步发挥定点扶贫资金的效益，我们和交通运输部公路院和四川省交通勘察设计院专家一道，先后和 4 个县对接，围绕脱贫攻坚需求，逐个项目梳理。在了解了县里的需求和项目基本情况后，深入 4 个定点扶贫县的高原牧区和高半山农村，连续几天行程数千公里，实地踏勘道路、了解需求。在掌握了基础情况后，和专家一道研究制定了《2018—2020 年交通定点扶贫专项行动方案》和 3 年项目库，研究制定并推动以州政府文件形式出台了《交通定点扶贫项目建设管理办法》，从计划、工程、质量、资金、监督考核等方面，明确管理规范和要求，明确将定点扶贫 2018-2020 年 3 年项目，实行统一打捆招标，着力引进实力强、信誉好的企业参与项目建设，保障项目建设进度和质量安全,为提高项目建设质量与资金管理水平,奠定了重要制度基础。

除了日常局内工作,我还负责督导交通定点扶贫项目,对交通建设的程序、质量等方面,进行管理与监督。我经常到项目建设工地现场进行督导检查,对检查中发现的问题,要求有关各方必须立刻整改、限期完成,并举一反三,确保不再发生类似问题。在某县农村公路项目的现场检查中,发现正在施工的浆砌块石护坡砂浆不饱满,砌石过于随意,不符合规范要求,要求立即停止施工,并召集施工、监理单位和县交通局等有关各方,召开现场会立即整改。要求施工方拆除不合格的护坡,并对施工、监理单位和县交通局提出了严格工作程序,落实责任的要求。

2018年底,我负责推进川主寺至汶川段高速公路前期工作。川汶高速是州委州政府2019年的"头号工程",时间紧、任务重。我之前也没有参与重大项目推进的工作经验,压力可想而知。在州委州政府领导的指导和局里同事的支持下,我系统学习工程建设前期工作程序和相关政策知识,迅速进入角色。前期工作处于工程可行性报告编制阶段,我一方面协调工可编制单位、州级相关部门、沿线各县政府,在短时间内完成了工可编制相关资料数据。根据项目路线与生态红线、电力通信杆线、铁路、水电站交叉较多的情况,组织州县相关部门、相关企业和工可编制单位进行了现场踏勘,提出了绕避生态红线、与铁路交叉、电力通信杆线拆迁等方案。通过按月调度、定期督办、加强协调,全力推进工可编制工作,前期工作进展顺利。

我的扶贫故事

"难蜀道"变身"致富路"

如今,曾经"难于上青天"的蜀道,变成了一条又一条连接外面多彩世界的"特色致富路",给当地经济带来了发展的活力与动力。小金县下马场村建成了葡萄基地产业路,有力促进了葡萄产业发展,2017年,全村农民人均纯收入就达到10320元。黑水县羊茸村通过交通定点扶贫项目,建设了四板沟桥和吊桥,实现了桥通路畅。当地举办的彩林节在1个多月的时间,就接待了上万名游客,实现收入30多万元。

到定点扶贫县督导工作

挂职扶贫的经历不仅使我开阔了视野,提高了工作能力,也从内心深处对打赢脱贫攻坚战充满了信心。这种信心来自脱贫攻坚切切实实的成效。刚到阿坝不久,我到色达县色柯镇幸福一村调研,这个村子是当地政府实施牧民定居工程,统一盖好安置房后形成的,取名为"幸福"。牧民们可以住进漂亮的藏式新住宅,取暖条件有了很大改善。在其中一户贫苦户家里,我看到了主人家五六岁的小女孩正在看动画片,她和我的孩子年纪相仿,看的也是一样的动画片。正是由于脱贫攻坚战的持续开展和交通条件不断改善,人流物流信息流涌入了偏乡远寨,海拔4000米高原上的藏区小姑娘和在北京的同龄人,都能够接收到同样的信息。

在脱贫攻坚工作中,我把挂职当任职,不怕吃苦。阿坝州政府和州交通运输局授予我多项荣誉,这是大家对我工作的认可,更是我脱贫攻坚路上的动力。能够投身到这一伟大事业中,我深感使命光荣、责任重大。我愿意将个人的奋斗融入人类历史上前所未有的脱贫攻坚战场上,把个人的成长融入新时代奋进的大潮中。

脚印留在"高高原"上，我叫"宋扎西"

宋立鹏

2016年，北海航海保障中心烟台航标处副处长宋立鹏到青海省甘德县挂职县委常委、副县长，这一挂就是3年，还收获了藏族名字"宋扎西"，青海的高高原上留下了他的足迹。

高高原上，我是宋扎西

"扎西县长，百世快递在甘德设点了，以后淘宝的东西可以直接快递到县上了。"县政府的秘书久美跑过来告诉我。

"宋县长，下来了？在上面一定要注意身体啊，你那里可是高高原，当地人时间长了都受不了，别说你们沿海来的了。"交通运输厅门卫大爷跟我打招呼。

扎西是华旦副县长给我起的藏族名字。他是当地一名藏族干部，因为有段时间我的脸晒得比他还黑，比他还像藏族干部，所以他就开玩笑称呼我为宋扎西，叫着叫着便慢慢传开了。

脚印留在"高高原"上,我叫"宋扎西"

在青海,高高原特指那些县城海拔在 4000 米以上的六类地区。青海省有 7 个县在高高原上,我工作的甘德县就是其中之一。全县平均海拔在 4300 米以上,县城海拔 4050 米,为国定贫困县,贫困发生率高、贫困面大、贫困程度深。这里全年没有绝对无霜期;这里没有四季,只有冬季(9 个月)和大约在冬季(3 个月);这里的空气含氧量只有平原地区的 60%,水只能烧到 80 摄氏度,连煮个面条都要用高压锅;这里没有农业,满眼望去甚至找不到一棵真正意义上的树,到目前为止还没有哪一种谷物能在这里结籽成熟;这里的高原反应也是 24 小时如影随形,工作在这里的汉族干部们常年处在"三不知"的状态——不知道睡没睡着,不知道吃没吃饱,不知道感没感冒。

有路,才有路子

我刚到县上就赶上甘德县乡两级党委政府换届,交通、医疗和教育成为代表们最关心的话题。作为交通运输部派出的援青干部,欣喜之余也感到压力陡增。随后的几个月里,我带着一份甘德县交通路网规划图,一头扎进山沟里,只要人能进去,不管路好坏,有没有路,都要亲眼看一下。我骑过马,坐过摩托车,走过泥浆路、搓板路,甚至草山上的车辙路,大大小小的山沟钻了 100 多条,36 个牧业村、100 多个牧业小队也全部走过,总算对全县的农村公路现状有了一个大体的了解。

高高原上,地广人稀,人口居住分散,自然环境和地质条件复杂,施工条件异常艰苦,还有很多区域已被列入自然保护区,这样地方的路修不修?怎么修?当时有一种观点,认为高原修农村路,投资不少,可受益人口却很少，没有什么经济效益。但我认为，像甘德县这样集高原、民族和集中连片深度贫困地区于一体的地方，交通建设不能只考虑经济效益，应更加注重社会、民生效益。牧区的路修好了，牧民群众可以更加便捷地走出大山，走出高原，这是看得见摸得着的实惠，有了幸福感、获得感，党和政府自然就赢得了认同感。同时，修好路，可以促进民族地区和外部沟通交流融合。

在交通运输部、青海省交通运输厅的大力支持下，2016—2018年，甘德县每年新修和改造农村公路里程都在200公里以上，同时积极协调争取发改、城建等项目资金，并采取以工代赈等形式，通过补空白、提等级、连断头，有效完善了甘德县牧区公路覆盖延伸布局，提前实现了全县村村通畅，初步实现了县乡村道连通成网的目标。

交通产业+精准扶贫

俗话说，修路一阵子，养路一辈子。长期以来，高原农村公路的管理和养护一直都是短板和难题，很多路段失修欠修，或者以建代养，极大影响了公路的通行舒适度和使用寿命。我实地调研了解后得知，造成这种局面的原因主要还是有限的公路养护费用没有得到有效合理利用。全县没有一支从事公路建设养护的队伍，连最基本的砂石路养护都要依靠外面来人，根本谈不上随损随修随养。

为了改变这种现状，我初步形成由乡镇政府牵头，利用国家下拨的家庭扶贫互助资金购买公路养护设备，并由建档立卡贫困户为主体，组建公路养护队的方案。这样既可以有效规范和提升农村公路养护质量，又可以促进就业，助力脱贫增收。2017年9月，下贡麻乡成立了甘德县历史上第一支农村公路养护队,当年便完成了100多公里的公路养护计划,共有52户贫困户受益。这是一个好的开始,在帮助贫困牧民转变就业观念,通过劳动获得收益,实现扶志扶智的同时,还为甘德县培养了一支常驻的交通专业力量,在这2年应对洪水泥石流、铲雪除冰等公路应急保通任务中发挥了关键作用。

养护"四好农村路",精准脱贫攻坚

第一个"吃螃蟹"的人

到甘德工作后,一开始几乎在每次下乡路上都会遇到路边招手搭便车的老乡,有的甚至手里还挥舞着钞票。拉还是不拉,有时候真的要思量一番。司机倒是见怪不怪,向我解释说,最好别让老乡上车,上车容易下车难,有些老乡一旦上了车,非要让你把他送到山沟沟里

我的扶贫故事

才会下车。我于是就想，现在路修得这么好，连通各乡镇的都是硬化路，为什么就不能开通城乡客运班线，满足老乡们的交通需求呢？可当我初步了解了情况以后，才发现事情远没有我想的那么简单。当时整个果洛州6个县，真正意义上的城乡客运还完全是空白，只有玛多县有很短的一路由政府完全买单的定期班车。

我深知在高原牧区这样的地方，想要第一个"吃螃蟹"，的确是非常困难的。一旦做，就一定会面临资金投入、运营管理、安全风险等各种各样的问题和挑战，像甘德这样一个政府自有财政收入少得可怜的地方，类似这种民生投入，起步不易，维持更难。可是每每看到在风雪中招手搭车的老乡，看到学校门口从乡镇过来接送孩子的摩托车，每台车上坐着三四个孩子，更坚定了一定要把这件事做成的信念。

宋立鹏（左一）入户慰问贫困家庭

在广泛调研沟通协调的基础上，我最终做出了推动开通城乡客运班线的决定。尽管政府财政困难，所需费用也能够挤出来。县里缺少运营管理方面的人才，通过引进挂靠的方式加以解决。万事开头难，何况这在甘德还是新生事物，我们确立先开通再完善、边运营边规范的理念，并将开通城乡客运作为2017年交通部门头号民生工程进行推动落实。2018年5月，甘德县江格圣玛运输有限公司终于挂牌成立，甘德成为果洛州首个开通城乡客运的县，而且一开就是2条班线，覆盖县城和6个乡镇，极大方便了老百姓出行，得到了各方高度评价。

3年时间，说长不长，说短也不短，甘德县计划在2019年底脱贫摘帽。现在我可以负责任地说，这几年来交通运输工作没有给全县脱贫攻坚拖后腿，很多方面还自我加压、主动作为，汇聚了民意，温暖了民心。作为一名援青干部，我非常庆幸能够在这样一个特殊的时间节点有机会参与脱贫攻坚这样一项伟大的事业，有此经历，今生无悔！

挂职在新疆,我做起了"灰枣代购"

张达科

虽然已离开新疆三四个月,但是交通运输部南海航海保障中心通信信息处处长张达科心里依然牵挂着喀什岳普湖沙漠灰枣的销售情况。在新疆维吾尔自治区交通运输厅挂职厅长助理期间,他一直致力于推动解决灰枣扶贫与市场接轨的问题,让达瓦昆沙漠周边纯天然的有机灰枣走向全国各地。

一年的援疆工作,张达科利用自己所学所长在挂职单位尽职尽责做事,而且还在帮助岳普湖村民销售灰枣上尽了一份微薄之力,这也是让他时常记挂的一件事情。尽管离开了,但是张达科的心已经和岳普湖的村民连在了一起,已经和沙漠灰枣的销售结下不解之缘。

缘起:牵挂于心的美味与扶贫

2017年底,我作为第18批博士服务团成员抵达乌鲁木齐开始一

挂职在新疆,我做起了"灰枣代购"

年的援疆工作。当时,刚从喀什岳普湖驻村回来的厅通信中心副主任李勇来到我办公室,给我带来了村里的灰枣。这是我第一次品尝沙漠灰枣,虽然个头小,却核小肉厚,甘甜美味异常,我一下子喜欢上了这个味道。

灰枣长势喜人

这种沙漠灰枣是达瓦昆沙漠边缘村子里维吾尔族村民散种的,不怎么打理,产量不高,无任何清洗加工,却是最天然的有机枣,洗一下可直接吃。可惜他们语言不通,枣除了当地人自己吃会买一点,多数都烂在了地里。近年来,交通运输厅干部驻村后开始帮助他们以最低成本向外面销售,可惜市场上很多人不了解,多数干部只能靠朋友或者工作伙伴销售一些,数量非常有限,解决不了根本问题。得知这些情况后,我心里非常惋惜。

厅机关派驻近百名干部在喀什周边二十多个村不仅开展"访惠聚"(访民情,惠民众,聚民心)驻村工作,还肩负着扶贫攻坚等重任。沙漠灰枣在厅对口扶贫的村子里大量种植,由于村子地处沙漠边缘,沙碱土加上日照时间长，昼夜温差大，灰枣质量特别好但销路不畅。能不能通过自己的力量在灰枣销售上帮助他们做点事情，让自己家乡的人也品尝到这么好的灰枣？挂职期间，我一直非常关注驻村工作队的工作动态。

行动：力所能及的扶贫销售

2018年11月9日，我第一次在微信上看到岳普湖驻村工作队开始预售灰枣的信息后，立即行动，当晚就加了他们的微信购买了4箱，并决定通过微信帮忙推广，利用直接购买和通过我代购两种方式，在自己的朋友圈中大力宣传。当晚就代购近百箱。接下来的几天更是代购高峰期，有一种自己在做电商的感觉。为了获得好评，我第一时间确认下单信息，并耐心地解答各种问题。每天早上醒来就打开手机看微信下单情况，晚上也会一直回复到深夜。在亲朋好友以及分享的陌生人的大力支持下，灰枣代购数量很快就突破200箱、600箱、1000箱……

"达科作为一位援疆干部，都那么尽心尽责帮驻村工作队推销红枣，我们更责无旁贷。"厅党委书记李学东了解到我帮忙销售灰枣的情况后，在一次干部会上动员大家一起行动起来。在厅里全员努力下，当年沙漠灰枣销量突破上百吨，创下了三年来最高纪录。

结缘：持之以恒的探索实践

扶贫不能是只管一时的援助，而是要实现造血功能，让灰枣有长期固定的销售渠道,让农民树立起市场精品意识。这是我在销售过程中,跟厅里几位从事销售的干部一直思考和探讨的问题。

在岳普湖调研时,我们参观了县新鑫果业。作为该县最大的果业公司,新鑫果业去年产量达 5000 吨,成品成本大概是 16 元/公斤,批发价最低 20 元/公斤,这仅仅占岳普湖县灰枣产量的四分之一。据县领导介绍,虽然县政府有 8 元/公斤收购保护价,却存在两个问题:一是农户送到收购处有被挑毛病压低收购价甚至不收购的情况;二是由于市场销售情况不乐观,仅仅靠企业收购,不仅其压力大,农民也很难及时拿到销售款。我了解到,虽然企业的灰枣产品标准化,适合大规模市场流通,但是总体销售情况并不乐观。而依赖其他枣商到村里直接收购,不仅价格压得很低,收购条件也非常苛刻。

厅驻村工作队灰枣销售是从三年前《中国交通报》的一次扶贫行动开始的。当时《中国交通报》根据驻村记者提供的信息,在报纸刊发有机枣销售信息后,依托工作队开启了通过微信朋友圈向全国销售灰枣的模式,三年来积累了一定的客户群。通过工作队收购,并销售到全国市场,这样收购价最高可达 15 元/公斤,收购后一般只是简单的人工挑拣后装箱,或进一步用机器简单筛选分类装箱。该模式可以让农户灰枣收购价较高,有助于增收脱贫,但是由于产品较为原始,不能免洗食用,品质控制较难保障。目前,销售由工作队以扶贫名义进行销售,每年销售量在几十吨的规模,且销售压力不小。但如果工作队撤离后该模式会不会随之消失呢?这不免让人担忧。

驻村干部告诉我,他们已经通过这个模式销售了三年,也培养出一个农民团队,每年在村里负责收购红枣把关质量,也就是厅里拿到订单后,会让他们在村里组织收购,要求他们找村里的贫困户负责捡

我的扶贫故事

枣装箱等,以此给他们一定的工钱。同时,我们坚持谁家的枣子出了质量问题谁负责赔付,绝不姑息,让他们意识到扶贫不是照顾,市场只认品质和诚信……

积极帮忙联系销售的同时,我一直在和大家探讨,如何更好地实现沙漠灰枣扶贫和市场长期接轨的模式。只有打开市场,有了固定的销售渠道,优质沙漠灰枣才会摆脱烂在地里的命运,才能走进千家万户,才能让灰枣种植成为当地村民致富的一个途径。

张达科(居中)赴伊犁调研

由于灰枣质量好,反响不错,2018年12月底至2019年1月初时出现了回购潮。当时我已经结束挂职回到原单位,但回购的订单依然坚持第一时间进行处理。据反馈，此次回购潮中通过我代购及直购的灰枣近4吨，听到这个数字，成就感油然而生。

一年新疆行，一生灰枣情。虽然我已离开新疆，但结下的灰枣情缘不会断，我依然会与新疆交通运输厅的干部们一起，共同为搭建灰枣市场销售平台做出积极的努力。

用心感悟践行"两路"精神

孙继刚

2016年,交通运输部上海打捞局孙继刚来到世界屋脊的西藏,作为部第八批援藏干部,开始了人生又一个充满挑战的新征程。援藏一年多的时候,他被评为"西藏交通运输厅践行'两路'精神先进个人"和"西藏道路运输管理局优秀公务员"。他用心感悟"一不怕苦、二不怕死,顽强拼搏、甘当路石,军民一家、民族团结"的"两路"精神。

我是一个和大海打了十几年交道的救捞人,大学毕业就到上海救捞局工作,从一名普通的救捞技术人员逐步成长为一名救捞现场指挥人员。从黄河小浪底抢险、"运鸿"轮抽油到马航MH370搜寻和韩国"世越号"打捞,经过大海风风雨雨的洗礼,我深刻体会到"把生的希望送给别人,把死的危险留给自己"救捞精神的内涵,也一直用实际行动来诠释心中的这份坚守。

雪域高原海拔3000多米,被称为生命的禁区,恶劣的自然环境,非长期生活在这里的人难以想象和承受。多年的海上磨砺,养成了我对事物敬畏、坚守和豁达的心态,这使我在较短的时间内融入西藏的工作和生活中。

孙继刚(左二)调研当地交通运管部门

当利用广东援藏资金为局里添置的弥散式供氧装置启用,同事们露出会心微笑的时候,我感受到了存在的价值;当昌都莫美村的孩子们用上我私人捐助购买的学习用品时,从他们纯真快乐的眼神中,我收获了付出的喜悦;当冀藏两地海事结对子,船舶检验和船员管理逐步完善的时候,我体会到了援藏的意义;当联网售票、联网联控等一系列信息化项目稳步推进,当一笔笔援藏资金到位时,我领略到了所有的努力付出都是值得的。

莫美村,昌都卡若区最偏远最艰苦的地方,进村的路都是山路,一边是悬崖峭壁,一边是万丈深渊,一到冬季大雪封山,路都找不到;

我的扶贫故事

夏天经常下雨，一路泥泞根本无法出行。饮水用电等也都十分不方便。

2017年5月，我送第七批工作队到莫美村，从拉萨出发，历经3天2夜长途跋涉才到驻村点。下车时，浑身酸痛，头重脚轻，疲惫不堪。听说我们要来，这里的藏族小孩早早集中在村民委员会，满含热望。我们给他们带来了学习用品和水果点心等慰问品，当送到他们稚嫩的小手里时，那一刻，融融的暖意从我心底升起，世界变得柔情起来。虽然语言不通，但孩子们发自肺腑的笑容，让我觉得这一路的艰辛微不足道。晚上我们围坐在用牦牛粪作燃料的火炉旁，喝着醇厚的酥油茶，大手握小手，藏族群众哼唱着犹如天籁的藏族歌曲，表达对未来的向往和期盼。

第二天，我们迎着朝阳，冒着寒冷开始走访入户，在精准扶贫户嘎松曲珍家里，我们详细了解她们的生活状况，认真做好记录，仔细核对信息；在精准扶贫户益西拉曲家的危房前，我们认真倾听他们的诉求，了解新房建造的进度，协调解决问题，确保冬季来临前他们能搬进新家。因为路途遥远，我们做好交接和调研工作后就要返回拉萨，见我们要走，藏族同胞满是不舍，一双双有力的手紧紧地握着，一条条洁白的哈达纷纷献给了我们。我们上车了，他们给我们的车子也系上了哈达。他们用行动表达着内心真诚淳朴的情感，那一刻，我对自己说，明年我还会再来。

在茫茫大海，我用"救捞精神"抵御风浪；在雪域高原，我用"两路"精神砥砺奋进。人生有成功与失败，有盛衰与荣辱，人生的意义在于过程，奋斗过的人生无悔，付出过的努力无憾，我不会停下追求生命意义的脚步。

孙继刚（左一）带领第七批工作队到莫美村

编写组成员：赵明林　马国栋　牛　聪　柯愈友
　　　　　　吴　倩　常　亮　刘文超　董晨光
　　　　　　梁译尹